郵政民営化に抗した男

自伝【無私大道】

田中弘邦

彩流社

目次

解題　「無私大道」——田中弘邦自伝の復刻再刊にあたって（稲村公望）

第一章　谷浜村に生まれて

誕生

いまを遡ること、九十二年前。

天皇陛下が崩御し、年号が昭和に改まろうという大正十五年のこと。

「これからの世の変遷とともに生きよ」との命が、天より遣わされたのであろうか。

私、田中弘邦は新潟県中頸城郡谷浜村に生を受けた。

生家は、江戸時代からその姿を変えぬ古色蒼然としたたたずまいをもつ、造り酒屋である。酒蔵の数十メートル前には、線路を挟んですぐ、雄大な日本海が広がる。

ここまで海に近い酒屋というのは、全国的にも珍しいそうだ。

一家相伝の店を守る両親、何事においても模範生だった兄に囲まれて育った私は、その恵まれた環境も影響したのであろう、腕白でありガキ大将であった。

ただ、仲間の面倒見が良いほうであったので、物心ついた頃から、常に〝人の輪の中心〟にいた。

世の変わり目を歩む者

六歳になり尋常小学校へ入学した。

小学校へ入学したとき、生まれ年同様〝変わり目〟に直面した。

国語では、ハナハトマメマスミノカサカラカサのいわゆる「ハナハト読本」からサイタサイタサクラガサイタの「サクラ読本」へ刷新された。

カラー教科書の誕生である。

「世の中にこんなに綺麗な本があるのか」と、目を見張った。

教科書だけではない。

太平洋戦争がはじまり、戦時特例が発布され、修業年数が五年から四年に短縮される直前に旧制中学校へ入学した。そのため卒業までの五年間、きっちりと勉学に励むことができた。時の巡り合わせが良かったのだ。

兄の死

しかし、そのめでたいはずの年のこと、我が田中家に不幸が訪れた。

私の卒業を見届けると同時に、兄が病に倒れ、帰らぬ人となったのだ。

兄は跡継ぎとして両親の期待を一心に背負いながら、その期待に応えようと勉学に励み、優秀な成績を上げ旧制専門学校である彦根高商に通っていた学生であった。

そんな兄の死を境に、私が両親の期待を一手に担うことになったわけだが、それについてはさすがの私も腹をくくるより他はなかった。

大学進学

生家、造り酒屋白宅前

兄の死により、家族からも周囲からも、私は田中家の跡取りと目された。

当初、文系の大学を受験し合格していたが、進学を諦めた。

文科系の大学へ進めば、二十歳で徴兵検査を受け、軍隊へ行くことになるからだ。

兄という跡取りを亡くした父は「それだけはどうしても避けたい」と願い、どの大学も志願者受付を締め切りはじめた時期になって、急遽、両親から理系の大学受験を勧められた。

運のいいことに親類で文部省に勤めている者がいた。その働きにより、なんとか受験可能な大学が見つかった。麻布獣医専門学校（現麻布大学）だ。

滑り込みで願書提出が間に合った。だが、当時で言えばこれは国賊的な行為と誹られるであろう。理系であるならば入隊延期の対象となるからだ。

入隊を逃れたいと考えていたのは、父だけではなかったようだ。定員二百名の合格枠に、四千人の志願者が集まったのだ。だが、じつのところ、医学の道に進むことは長年、胸に秘めていたことでもあり、志願者の多さを苦とは思わなかった。

ぎりぎりの願書提出にも関わらず、無事、合格を果たすことができた。

大学生活がスタートした。

センセーショナルな夜

戦時中に、恐ろしい思いをした経験がある。

ちょうど大学に通っていた昭和二十年三月十日のことだ。

当時から存命の人で、この日を知らぬ人はいないだろう。

東京大空襲である。

無数のＢ29が空を飛び回り、無差別爆撃を行った。死者十万人以上、催災者は百万人を超えた。

続く五月二十四日の空襲では、大学の寮に火がついた。

この両空襲において、私は、幸いにも命を失わずに済んだ。

当時は、戦争が長引いたこともあり、食糧や人手が不足し、東京在住の学生には勤労動員が発布され、近隣の農家の手伝いに行かされていた。その頻度があまりに高かったので、学生なのか、百姓なのか、自分でもわからないほどであった。

三月十日は、埼玉県の農家へ来ていたので助かった。

五月二十四日は、幸運にも大学寮に居合わせなかったので助かった。

だが、寮にあったすべての家財、家族写真や日記まで、すべてが燃えてしまった。

あとで知ったことであるが、米軍は焼夷弾を用いていたようだ。

建物が跡形もなくなった寮を見て「もし、ここにいたら自分は……」と背筋が凍った。私にとって非常にセンセーショナルな体験であった。

獣医学部から医学部への転部

大学入学から一年がたった頃、太平洋戦争が終わった。

戦争中は、何をするにせよ、気苦労が多かったのは確かだ。

終戦後、何をすべきか。

医学の道を志すべく入学した輩はすくなかったので、友人達の多くは、終戦と同時に、各々本来志願していた道を選択、他大学へと移り去って行った。

私はと言えば、麻布獣医大学は、歴史ある名門大学であるし、そこで獣医学の専門知識を学んだ一年間を無駄にしたくなかった。

考えた末、医学の道を志すことにした。

当時の獣医学部は、医学部へ転部することが可能であったからだ。

私は、医学を極める道を選ぶことにした。

父の死

大学を変えずに医学部へ転部した選択は正しかったようだ。

数年後、それを証明する出来事が起こる。

一九四七年十月、麻布獣医専門学校を卒業。

それから間もなくして、再びわが家に不幸な出来事が訪れたのであった。

十一月二十三日、父、直治が四十七歳の若きでこの世を去ったのだ。

当然、母は父の後を私に継がせるべく、家に連れ戻す計画を練りはじめた。その計画とは、親族と母の実家の小柳家を中心としたものであり、私は卒業後の安堵から息つく間もなく、実家へと帰ることになった。

もし、学友達のように、他大学に入りなおしていれば、大学生活を半ばで諦めることになったであろうし、そのような状態で実家へ帰っても、家業においても中途半端になっていただろうということは容易に想像がつく。

農地改革による大打撃

父は、終戦後のドタバタで多くの心労を抱えてしまったようだ。

父にとって、もっとも打撃を受けたのは農地改革である。

農地改革は、第二次大戦後の民主化の一環として、日本の資本主義の基盤であった地主制度の解体を目的として行われた。

これにより、日本のほとんどの農家は平均一ヘクタールの土地をもつ自作農となった。

地主制を一概に悪いと決めつけるのはよくない。

アメリカが地主を改革の標的に定めたのは、アメリカ大陸という広大な土地があり、フロンティアによって開拓した土地を自分自身が所有するという感覚が当たり前な土地柄だったからである。

地主制は、田畑を所有していて、小作人はその田畑を借りて農作物をつくるという、合理的な制度であった。狭い国土を有効活用しようという日本の土地文化の本質を理解していたとは到底思えない。立場が変わればとらえかたも違ってくるのだ。

当時、わが家は農地を解放する側だ。

戦争に負けて心身とも疲弊しているときに、早々と自分の土地を手放さなくてはいけなくなったわけであるから、何とも言えぬ心地であった。何より、小作人に、土地を解放すると言っても、土地の測量と登記に大変な資金や労力を要したのだ。

父は当時、すでに体調を悪くしていたようで、その手続きを小作人に任せてしまった。

彼らの言い分どおりに進行してしまったため、しなくていい土地まで解放してしまっていた。本来であれば六反（約六百平方メートル）まで保有できたにも関わらず、それ以上に減らしてしまったのだ。

米を干す場所ならまだしも、それに付随する小屋まで、農業用の土地だと決めつけられ、解放してしまっていた。

役所は現地を確認せずに、申告されるがまま、各担当者のさじ加減で、処理が進められてしまった。

このショックが父の死期を早めたのは言うまでもない。

家業について

屋号はかつて「能登屋《のとや》」といった。

由来は定かではないが、寛永年間から長年続いた越後の名酒「公の松《きみまつ》」を造り続けてきた醸造元だ。

いまでこそ、四百年近くの歴史があるが、太平洋戦争中には、店を廃業すべきか否かについて、幾度も真剣な話し合いがもたれていた。新潟のみならず他県の造り酒屋でも廃業が相次いでいた。

父は存命中、無理に家業を続けず、思い切って廃業すべきだという意見であった。

戦時中、人々は多くのモノを失った。

頑なにそれらを守らずに、いっそのこと手放したほうが、楽になることは明白であった。だから手放すことになった人のほうが圧倒的に多かったであろう。

それでも我が家は、最終的に廃業の危機を脱出した。

母のおかげである。

母は、父から廃業について何も聞かされていなかった。

しかし、父が廃業手続きに出かける当日、それを知るやいなや、慌てて父の足をつかまえた。

なんとしてでも自分が店をやる――そう必死で止めたのだ。

父は母の熱意に圧倒されてしまったようだ。渋々承知してくれた。

この母の決意は素晴らしかった。

芯の強さと熱意の母親

我が家が、今に至って酒造りを続けることができるのは、困難を困難とはとらえない、母の芯の強さのおかげである。
この決意は、屋号の改変に表れる。
一九四三年、伝統ある屋号の能登屋の頭文字一字と、先代の好きだった格言「能ある鷹は爪を隠す」から鷹の一字とり「能鷹」と改名した。
そして、夫の死という悲嘆にくれるまもなく、私を呼び戻すことに成功し、思惑通り私を社長にすえたが、まだ若く経営に無知であったので、実質的な社長は母であった。

酒造米の確保に奔走

戦後、母を一番苦しめたのは、何か。

酒造米の確保である。

戦中、米が不足していたのは言うまでもないが、むしろ、戦後の方が食糧難は深刻であった。

戦中は供出制度により配給があったが、戦後は戦中ほど強制力が働かなくなり、供出米が激減し、米不足に陥ったのだ。

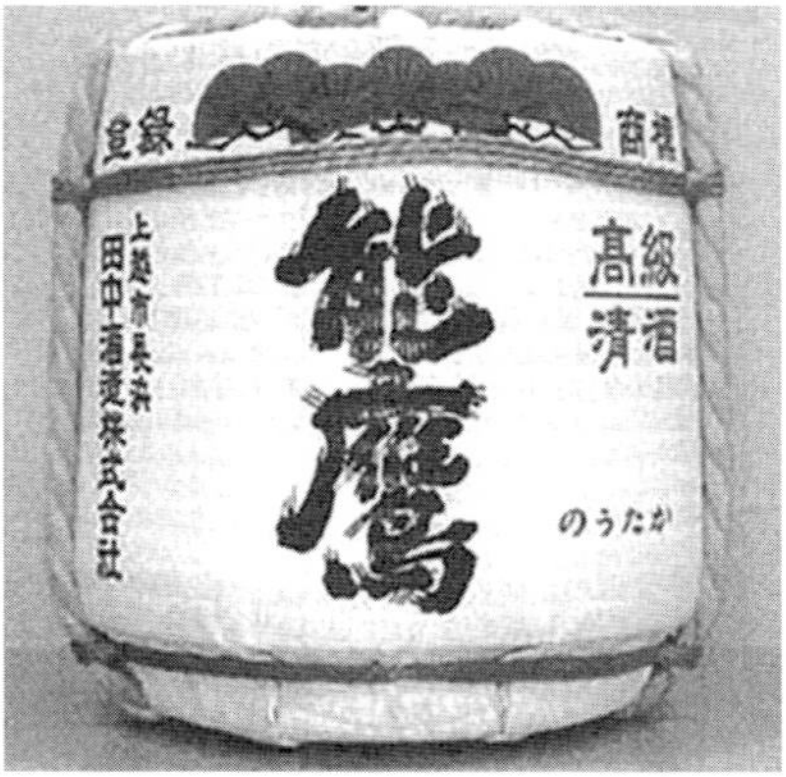

屋号を「能鷹」と改名

政府は、酒造米を各酒屋に割り当ててくれたが、当然、充分な量とは言えなかった。そこで「闇米」が登場する。

闇米の仕組みを知るには、米の流通経路を知っておかねばならない。

まず、農家でつくった米は、すべて農協に納める。

農協は農家に代金を渡し、米を国へ納める。その量は、土地の広さによって基準が決められている。

しかし、同じ広さであっても、平場の土地と、傾斜がある土地であれば、広さは微妙に異なり、収穫できる米の量に増減がある。

ここに、闇米が発生するポイントがある。

農家は、一律に農協へ米を納めるが、農協は余剰分を基準以上に、国に納めたりしない。その余った米が「闇米」として流通するのだ。農協は、正規の流通ルート以外に米を売り、そのお金を懐に入れていたのだ。

造り酒屋には、配給の米だけでは足りない。

闇米が欠かせなかった。

私たちは、とにかくいい酒を作りたかった。その一心だけだ。

闇米が米の公定価格の何十倍であっても、農協からこっそり買う以外に、道はなかったのだ。

むろん、完成した酒については、税務署がきちんと検尺で量を測りに来るので、ごまかさず、酒税はしっかり納めていた。

当時、酒は配給制だった。いい酒を作ってもさして儲けには繋がらない。それでも酒屋魂が私たち家族を突き動かした。今思えばその魂は、戦争に対する抗いも含んでいたのかもしれない。

闇米に手を付けなければどうなったか。

次のような悲しいエピソードがある。

谷浜よりさらに山の奥に入ると、桑取村（昭和三十年四月一日、直江津市に編入され消滅）という村があった。その桑取の農協から、我が家も米を買っていた。

店内に並ぶ能鷹のお酒

ある日、農協が、警察から闇米販売の疑いありと、摘発されてしまった。

そのとき、警察から「闇米は〝犯罪〟だ」「物価統制令違反であり、食料管理法違反だ」と厳しく詰め寄られた農協の組合長がまいってしまった。

ただ時代も時代、摘発と言っても上手く立ち回れば、いくらでも逃れられた。警察といっても、村の駐在の巡査であり、皆と見知った仲である。それも戦後となれば、互いの事情の表裏まで分かりあっている。

組合長は、まじめ一本槍の人で真っ青な顔をしていたので「私に任せてくれ。今から警察と交渉して、上手く収めてくる。だから絶対に早まるな」と話した。

しかし私が動き出した矢先に、彼は鉄道に飛び込み、自殺してしまった。

戦後の混乱期に、造り酒屋の経営を続けるには、正しいことだけをしていればいい、という単純な話ではなかったのだ。

もう一つの家業

江戸時代からの歴史をもつわが家は、造り酒屋もさることながら、郵政業務に代々関わってきた。それは一八七二年(明治五年)七月一日に、曾祖父である治太郎が長浜郵便取扱役に任じられて以来のことである。

郵便取扱役とは、〝近代郵便の父〟と呼ばれる前島密が発議した、郵便制度によって与えられた準官吏の身分である。

前島翁の功績は、一八七〇年から十一年もの間、郵政事業の長として辣腕を振るったものだけではない。

明治維新直後から、京都から東京への遷都や、品川～横浜間の鉄道敷設計画を立案したりという、近代日本の基礎を築く八面六臂の活躍を見せた立志伝中の人物である。百五十年後の現在においても、郵政事業の基礎を築いた前島翁の功績は、大いに語り継がれている。

近代郵便の父、前島密

一八七一年に東京～大阪間で官営の郵便事業が開始されると、東京・京都・大阪に政府直轄の「郵便役所」が設置された。その後、明治政府は、東海道の各宿駅にそして、全国の主要都市に官設の「郵便役所」を設置したいと考えたのだ。

しかし、明治政府は当時、近代国家に向けた改革が続き、郵

前島記念館、銅像前で

政事業に財政をさく余裕はなかった。

そこで、前島翁が一計を案じた。

地方の名士、かつての庄屋や名主などに、私財を提供させ、局所をつくってほしいと持ちかけた。そして彼らを局長とし、「公務」である郵便業務を請け負わせることで、名誉を与えたのだ。

はじめは、日本全国を回った経験から、全国のネットワークを繋ぐ幹線に、そして地域へ。彼はもともと博学であり地理に詳しかった。

それゆえどこをどう繋げれば、日本を巡る最小限度のネットワークができあがるか、よく理解していた。

彼の努力の甲斐あって、三年間で、全国に三千局の郵便局が誕生した。

曾祖父も郵便局の開設に私財を投じた一人だったと言うわけだ。

ちなみに、郵便のネットワークが全国に広がったとき、飛脚(運送屋)とのトラブルが絶えなかったという。

飛脚は、郵便に仕事をとられ「お飯《まんま》の食い上げ」状態になっていたからだ。

そこで飛脚は郵便制度に並行する形で陸運会社として再組織された。

これが後の日本通運へと繋がっていく。

また海運事業においても陸運同様の政策を実行した。

江戸時代から続く商人による廻船ではなく、官制の日本帝国郵便蒸気船会社の設立をうながした。

この画期的な海運政策により、三菱商会の岩崎弥太郎をサポートして現在の日本郵船の前身を作ったのだ。

元々のスタートが一緒だった故に、昔の鉄道駅には、必ず日通の支店があり、郵便局員とともに、皆一体で動いていたものだ。

ちなみに、前島翁は私と似たところが多い。

新潟県出身であり、医学の道も修めている。

これは郵政業務に関わる私として大いに自負するところである。

間のいい男

曾祖父が前島翁の考えに共鳴し設立した「谷浜郵便局」は、その後、祖父永治郎、また幼かった父に代わった小林幸作、そして父へと受け継がれた。

その父の急死により、家へ呼び戻されたのが私である。

母が、当時の上越特定郵便局長会会長であり稲田郵便局長、川崎真治氏に働きかけてくれたおかげで、私は谷浜郵便局斉藤休治郎主事の介添えのもと、長野逓信局へ出向くことになった。

田辺正局長から局長就任の辞令公布を受けた。

弱冠二十一歳であった。忘れもしない、一九四八年一月二十一日のことである。

母はほっと胸をなでおろしたことだろう。

この直後、とんでもないことが起こった。

同年十月一日、局長任用年齢が、二十歳から二十五歳に引き上げられる旨が発表となったのだ。

母はこの発表を聞いて、背筋が寒くなっただろう。

ほんの数カ月出遅れてしまえば、私は父の跡を継げず、局長にはなれなかったからだ。

一九四五年の終戦以降、GHQは、政治、法制、教育、さまざまな分野において明治以来の古い制度を新しく合理的な制度へと作り替えていこうとしていた。郵便事業も例外ではなかった。私は、新制度へ移行するほんの数カ月の空白の合間に、局長となることができた。これほどの幸運はない。


郵便局には幼い頃から出入りしており、局員はみな、見知った顔ばかりであった。ゆえに、局長就任直後から居心地の悪い思いをするようなことはなかったが、充分な働きをするには、多少の時間が必要だった。

局長として必要な専門知識や経験を積み、腰を据えて働けるようになるまで5〜6年かかったように思う。

その間、酒屋には〝店主〟として、関わっていた。その頃は、「田中酒造店」つまり会社組織ではなく「お店」だったので、公務員でも店の代表が兼務できたわけだ。

ただ、経営のほとんどの部分は母が切り盛りしてくれて回っていた。

谷浜村での公職①　青年団長

谷浜村の白治について、少し触れておきたい。

先述したように、田中家はいわゆる地主であり、跡継ぎの私は御曹司である。それゆえ、ひとたび村に戻ると、私の思いに関係なく、周りが放っておかず、さまざまな公職を任された。

まず手始めに始まった仕事は、谷浜村の青年団長であった。帰村の直後からあれよあれよという間に青年団への加入が決まった。翌日には青年団調査をさせられた。

当時の青年団の役目と言えば、若い者同士力を合わせて、村での年中行事を企画・運営しなければならず、その度に、あちこちへ借り出される。

さらに、この区分を広域にした上位組織、たとえば谷浜の上には、中頚城郡の青年団があった。さらに周辺の町すべての青年団を集めた中部地区青年団もあり、そこでも副団長を務めることとなる。

青年団でやっかいなことが一つある。

団長の選出である。

通例では、一番大きな町である直江津から選ばれていた。しかし以前から、「数の論理でリーダーを決めるのは横暴だ」「人物本位であるべきだ」と反対する者があった。

覚えているだけで、少なくとも二、三回は大騒ぎとなった。

私は騒動の中心になるつもりがなくても「副団長をやったからには団長をやるべきだ。あなたしか適任者はいない」などと周囲から担がれ「何とややこしいことに巻き込まれたか」と思いながらも団長を引き受けざるを得なくなった。

谷浜村での公職② 谷浜観光協会会長

谷浜郵便局長となった翌年のことである。

一九四九年五月一日からは、谷浜の観光協会会長として任命された(※現在に至る)。

谷浜は、県内で有数の観光地だ。

海が澄んでおり、砂浜がきれいなため、夏場には海水浴客が多数訪れる。

県内山間部の小学校、中学校の生徒達が、夏の臨海学校で訪れる定番でもあった。

今はすこし数が減ってしまったが、かつては六十軒近くの民宿が街道沿いを賑わせていた。それでも入りきらず、大人数が来るとなると、大急ぎで学校の体育館などを手配したこともあったほどだ。

谷浜には三つの組合がある。

旅館・民宿経営者が加盟する旅館組合、商いを営むものが加盟する商店組合、浜茶屋組合と三つの組合があり、谷浜観光協会は、これら三つの組合で構成されている。

このような協会であるが、ついこの間にも、九十周年を祝う式典が開かれ、もうすぐ百年に達する長い歴史がある。

どうやら私は、谷浜の未来を肩にのせ、まだまだ活躍して行かねばならないようだ。

谷浜村の村長よりも郵便局長

谷浜の海水浴場

青年団や観光協会長などに就いていると「谷浜村の村長に」という声が幾度か上がってきた。しかし、私には村長としてではなく、谷浜村に貢献して行かねばならぬ大きな使命があった。郵便局の運営である。
この仕事を介し、さまざまな地域貢献をする、それなくして私という人間はありえない。
一九四八年(昭和二十三)一月二十一日、谷浜郵便局第五代局長が誕生した。二十一歳の若さで拝命したその役職は、曾祖父が局舎を開設してから、七十六年の時を経て継承したものだ。感慨深さはひとしおであった。
先ほどお話したように郵便局というのは、前島密翁が作った郵便制度によって全国各地に広がった。そしてわが家も、郵便制度開始の翌年から郵便事業に関わってきた。

ここで郵便局の仕組みについて少し語っておく。

郵便局は「普通郵便局」「簡易郵便局」「特定郵便局」の三種類に分けられる。

普通郵便局とは、郵便事業が民営化される前に、国が直営でおこなっていた郵便局だ。一般には「本局」と呼ばれている。

簡易郵便局は、郵便局で取り扱う業務のうち、配達などはせず基本業務だけにしぼって行われるところで、地方公共団体や組合、個人などに委託されている。

特定郵便局は、曾祖父のように私財を投じ、民間側が開設した郵便局である。

郵便局はもともと、曾祖父のようなボランティアの意志がある、民間人の手を借りることによって、全国津々浦々へと広がった。今、誰もが利用している「町の郵便局」のほとんどが、区分としてはこの「特定郵便局」にあたると言っても過言ではない。

特定郵便局は、国に代わって、地域の地主や有力者が開設した。

その地主や地域の有力者たちは、古くから村や町の中心にいて、人の相談役であったり、畑を貸していたり、村長をだしてきた家柄である場合が多い。

地域発展のために何かにつけて私財を投じてきたような人物で、村のために、いわゆる〝世話役〟

を率先して引き受けてきた人達だ。

郵便局を開設したのは、世襲したいからでなく、そういった地域を思ってのことだ。これを誤解している人が多い。特定郵便局は〝地元愛〟の代名詞なのである。

小さな頼まれ事

もちろん、地域住民としても、よく世話になる見知った人物が局長を務めているわけであるから、郵政事業、いわゆる郵便・貯金・保険に積極的に協力してくれていた。

現代の郵便サービスを「利用する」という感覚ではなく「支えあう」といったほうが近い。

交通機関の発展していないような村々では、高齢者には足がなく、手紙一枚出すのにも大変な苦労をしてポストまで行かねばならなかった。それは買い物にしても、お金を下ろすにしてもそうである。

若い人がいれば、車に乗せてもらうこともできるだろうが、頻繁に頼むわけにもいかない。

しかし、そんな所へ、郵便配達は毎日くる。

そこで「ちょっとお願いできませんか」とお年寄りから頼まれれば、買い物、預金の引き出し、電球の取替など、本業に負担にならない程度の〝ご用聞き〟を郵便局の配達員が行っていた。

また、郵便の配達がなくても、郵便局長自ら「困っていることはありませんか」と家々を回って、夫婦、嫁姑の問題、就職などの相談にも乗った。

電話事業

昭和四十年代まで、郵便局は重要な業務を兼務していた。電話業務である。

農村部においては、電話は役場か郵便局にしかなかったのだ。

明治からスタートした電話業務は、電気通信省が発足するまで地域通信の要として、多くの郵便局が、電話交換と電報受付業務を請け負っていたのだ。

局には電話交換手がいて、緊急の電報があったときは、たとえそれが夜中でも臨時の配達員が届けていた。

届け先がどんなに山奥の家であっても、雪が降り積もっていても、スキー靴を履いて行く。今の人はそれを〝苦労〟と取るだろうが、通信方法の限られていた昔は〝あたりまえ〟だった。

このような局の姿勢は、地域住民にはよく知れており、その分、信頼は厚かった。お金のことでも家庭のことでも、近所付き合いのことでも局は頼りにされて相談を受けていたし、それに答えられるだけの情報は、地域との関わりの中で充分、得ていたのだ。

また、夫婦ゲンカがあっても、近隣の住民同士の揉め事でも、局長が出向くだけで治まることがあった。

こういった郵便局の歴史というものを振り返ってみれば、局長就任直後から青年団長、観光協会長を歴任し、村長に推されたりするのも、自然な流れのように思う。

私自身は本心では「やりたくない」とさえ感じていたが、郵便局を通じて、地域との密な関係を築いてきた田中家を信頼してくれていた証なのだと光栄に思う。

当然、民営化された今でも、そういった感覚がゼロになったわけではない。民営化となり、消えてしまった地域の目の役割が「やはり重要だ」と見直され、「みまもり訪問サービス」というような形で復活しているケースもある。ただこれは有償であるから、完全に以前のような形にもどったとは言えない。

地域の人からすれば「郵便局は随分、遠い存在になってしまった」という思いがあるはずだ。

二つの郵便局長会

特定郵便局の局長が、集まった組織がある。

これを特定郵便局長会という。

一般の方が、特定郵便局長会を理解するには、少々難しい面があるがお付き合い願いたい。

その歴史は古く、一八七四年にまで遡る。

もともとは郵便、通信を管轄した逓信省が作った官営の組織であった。

だが、太平洋戦争後、連合国軍総司令部(GHQ)により、逓信省が一九四九年に廃止されたことに伴い、「特定局長会は法的根拠のない組織であり、日本の民主化の障害となる存在である」と一方的に決めつけられ、一九五〇年に強制的に閉じられた。

しかし、当時の特定局長会は、官営のものであったとはいえ「より一層地域貢献をしていくため、お客様に対するサービスをどのように向上させていったらよいか」などの、局長同士の具体的な情報交換の場として機能していた面があり、会の消失強制など、とうてい受け入れられるものではなかった。

一九五一年九月八日、サンフランシスコ講和条約が締結された。日本は完全な独立国家となり、ＧＨＱの強制力がなくなった。

すると、待ってましたとばかり、全国各地から四十一名の特定局長が、東京に参集し、『全国特定局長臨時連絡委員会』を発足させた——全国特定郵便局長会の始まりである。その後、一九五三年に「全国特定郵便局長連合会」を再発足させ、同年十一月に現在まで続く『全国特定郵便局長会』を結成した。

これら一連の組織は、あくまでも民間の自主組織である。

ただ、民営の自主的組織に対しては、郵政省側としても、対応に苦慮することが多かった。

戦前に、特定局長会に頼っていた事務上の連絡、報告類のとりまとめ等、さまざまな場面で不都合があったようだ。そこで、特定局業務の円滑かつ能率的な運営を図り、九月に、省側、現業官庁の組織として『特定郵便局長業務推進連絡会』を誕生させた。

これが官営の組織である。

つまり、郵便局長の集まりには、民営の「全国特定郵便局長会」と官営の「特定郵便局長業務推進連絡会」の二つがあるというわけだ。

ちなみに信越では、GHQの命令に関わらず、一九五一年三月まで特定郵便局長会が存在していた。九月にサンフランシスコ講和条約が締結されるまで、とりあえず解散せず、様子を見ようという話になっていたのだ。

再始動したのは五月だ。私も民営の「上越特定郵便局長会」の理事となり、力を奮って行くこととなった。

また、官営の「直江津特定郵便局長業務推進連絡会」が発足し私はそこの幹事(ブロック最高責任者)となった。

こうしてどの局長も皆、局長会という私的な組織と、官の組織、二つを兼務することとなった。

この頃、私は二十五歳であった。

にも関わらず、さまざま要職に就いていたことから、先輩局長方からは「若造のくせに生意気だ」とよく言われた。しかし、仕事の出来不出来は年齢に関係ない。自分なりに谷浜郵便局の運営、特定郵便局長会の運営、両方に一生懸命取り組み、それなりの成果を出した。

第二章　組合闘争

GHQの改悪

戦後、GHQが郵政行政にもたらした改悪は、特定郵便局長会の解散だけでなかった。労働組合の結成である。

「民主主義国家たるには労働組合が不可欠」と労働組合を各企業につくらせたのだ。

労働組合との闘争と言えば、国鉄の民営化を巡った一連のニュースを思い出す方も多いだろう。いまでは考えられないほど「過激」な争いが繰り広げられていた。過激化させた一因には当時の共産党員が、組合の主導権を握っていたことも含まれる。

これには、組合を作らせたアメリカ側もたいそう驚き、後悔したと聞く。

結局アメリカは一九四九年から一九五〇年の間にレッドパージという共産党員の洗い出し、および解雇を行った。

我々の業界では、共産党員の洗い出しについて、各特定郵便局のブロック単位で行われた。どの人間がどういう素性で、どういう思想を持っていて、共産党員の可能性があるのかどうかを報告させられた。それでも全員の特定には及ばなかった。結局、過激思想を持った組合員と激しい争いを繰り広げる羽目となった。

全逓の誕生

郵政に労働組織が発足したのは戦後間もない一九四六年五月のことだ。逓信省の職員で作る労働組合として、「全逓信労働組合」(略称は全逓)が誕生した。これは、戦後初の全国単一労働組織であった。

ここでいう組合員とは、局長以外の人間である。

彼らは、経営者である局長に直接闘争を挑むことで、郵政省、ひいては国会への請願という形で要望を突き付けてきたのだ。

彼らが最も強く訴えていたのは何か。

「特定郵便局制度の撤廃」である。

これは組合発足の翌月からはじまった。彼らに言わせれば「特定郵便局制度は民主主義の敵」となる。書籍『全逓新潟運動史』から言葉を借りると「戦前の特定局の徒弟制度はあまりにも劣悪な労働条件にあり、地主・小作制度のようだ」とのこと。理解に苦しむ。

確かに、公私混同した振る舞いをする局長もいたことであろう。

しかし、先ほどから触れているように、元来、特定郵便局制度というものは、地元の土豪や名主という地域の有力者のボランティア精神があってこその制度である。

大なり小なり問題があり、改正が必要な部分もあっただろうが、特定局制度そのものをなくそうという動きは、利用者のことを考えれば、到底受けいれられるものではない。

全逓は、特定郵便局制度撤廃運動を皮切りに、ゼネラルストライキに向けた活動を開始した。この状況下で我々局長は、どう対処していくべきか、苦悩を抱えていた。

そこへさらに追い討ちをかけるようにＧＨＱは「局長会は戦争に貢献した」と決めつけ、特定郵便局長会の解散を命じたのである。

先述したように、その後、官営の局長会の組織である『全国特定局長臨時連絡委員会』が設立された。ここに至ったのは「強まる組合の勢いを特定郵便局長会の力なしに、押さえられなかった」という背景があったと推察する。

組合との格闘の日々

一九五三年、公共企業体等労働関係法(公労法)が適用され、団体交渉が認められるようになったことを境に、組合側との問題解決のため、「全逓上越特定郵便局長　支部省側交渉委員」に指名を受けた。

省側交渉委員の代表であり、上越特定郵便局長会会長でもある宮尾中郷局長の補佐を担いながら、弱冠二十八歳の私が全逓と戦うことになったわけだ。以降、昭和の終わり頃までこの問題は延々と続く。

なぜ私が指命を受けたのか。

我々と組合は、団体交渉を行う。

団体交渉は、弁が立たなければならないし、徹夜になることが多いため、知力、体力ともに必要となる。ゆえに、年配の先輩局長方は責任者の立場に就くことを避ける傾向があった。私が矢面に立って先導して行く以外の選択肢は残されていなかったのだ。

そして、ここからは全特は「局長会苦難の時代」に突入する。

三等郵便局長制度発足 100 年記念全特総会

特定郵便局の局長は郵政省だけでなく、組合を含む二者に対しての交渉事が、同時に頻発することになったからだ。

構図としては、全逓の中央本部に対しては本省が、全逓地方本部に対しては各地方郵便局が、そして末端の地区労組には各郵便局が対応する形になる。

それまでに、郵政省は独自に特定局制度の検討と改善に努めていたので、組合側が特定郵便局長たちに出してくる数々の要求について、私達だけの判断で即答することはできない。郵政省に改善策の意見出しをして、掛け合う必要があった。

組合員のなかには、何十年も特定郵便局に勤めてきた人もいるので、私たちが具体的にどのような体系で業務を行ってきたのか、非常によく知っている。局長の足をすくおうと思えば、いくらでもそういうポイントは見つかる。戦況としては、常に局長会側は防戦一方であった。

一九五六年『特定郵便局長業務推進連絡会』の規約が改正され、きっちりと部会と役職が明確に取り決められたのを境に、私は直江津部会の部会長となった。この時点で、部会の最高責任者となった。

一九五八年には上越特定郵便局の支部に〝苦情処理委員〟の設置が法的に定められ、委員になった。その役割は、組合員から上がってくる苦情に直接向き合い、処理していく担当者である。ここで苦情を抑えられなければ、次は団体交渉で追及が始まる。担当者は早々に処理していく能力が必要であった。

局長への個人攻撃

彼らの方法は単純である。

第一に、局長への個人攻撃だ。

局長の勤務状況から、仕事のすすめ方、職員への接し方までを細かくチェックする。組合員に業務上のささいなことで注意をすると「暴言だ。取り消せ」と揚げ足をとり、難癖をつけてくる。一種の嫌がらせである。

他にもある。

ある職員が勤務時間を五分オーバーした。

局長がタバコを買いに行かせたというのなら大いに問題がある。だが、実際は、局長から指示された業務内容を自分がうまく処理できなかったので、しかたなく自主的に残業しただけであった。

これが組合員に言わせると「私的な用件で勤務時間外に使った。けしからん」という苦情に変化する。

例はほかにも、ある。

業務用の机が、狭い、汚いという。

どう考えても無内容である。

こういうことが毎日続けば、ノイローゼになってしまう局長がでてくるというわけだ。彼らはそれを狙っている。

しかし、彼らの目論見通り、たとえ嫌気がさして局長が退いたとしても、息子などの後任が決まれば、すぐに業務は再開してしまう。彼らの狙い通りにはなかなかいかない。それに、もともと後任局長の人事は、組合側が「この局長はいい、悪い」と勝手に判断を下して、国に無断で決められる性質のものではない。

ではなぜ、彼らが無意味な嫌がらせを続けるのか。

局長と紛争を起こす、摩擦を起こす――これにつきる。

波風を立ててから要求を出せば、意志の弱い局長は、それぐらいいいかとすぐに折れてしまう。そして、組合側の都合のいいように、さまざまなことを誘導していくのだ。

ただ、我々もバカではない。

さきほどの机の例であれば、郵政省とかけあって従来の備品を全て買い上げて、新しい物に変えるという方法で対策がとられた。彼らはぐうの音もでなくなった。

自身の信念を貫く

一九五九年、三十二歳の若さで上越の労務担当理事となった。

労務担当理事の仕事は何か。

組合問題の総責任者である。

当時の局長にとっては、一番やりたくない仕事、というのが正直なところだろう。

だが私は違った。私は、組合闘争について、確固たる考えを持っていた。

それは「事業あっての職員であり、職員あっての事業ではない」という信念である。この信念は今にいたるまでブレたことはない。

上越では、組合が結成された当初、組合役員には、各局の局長代理クラスの人間がいた。

彼らは、郵政省側とやりあいながらも、局に帰れば「職場を守るため必死で働く」という二面的な立場に置かれる者も多かった。

そういったなかで、妙な思い入れを起こすと、場当たり的などっちつかずの対応となってしまう。

私は怯まず、臆せず、自身の信念を貫いた。多くの局長仲間が、私の考えを受け入れてくれた。

思い出深い闘争

とはいえ、時が経つに連れて、全国的に闘争は激化した。

具体的には、時間内食い込み・休暇戦術・拠点ストライキ・違法闘争・点検闘争・特定局官制化反対・団体交渉再開闘争・安保条約改訂阻止・合理化反対・電通合理化反対・新しい管理者体制への反対・簡保転賃債反対・自営局舎新設反対・ＩＬＯ87号条約批准闘争・労働者の組織間の労労問題・ストライキ権利ストライキ、などが全国的な規模で争われた。

また、毎年、春季闘争やら年末年始の繁忙期には、新たな要求がでてくる。

その時「反自民・反独占・反合理化」「特定郵便局廃止」が彼らのお題目であった。

拠点闘争

我々、上越地域での闘争はひどいものであった。

不在局長の追放・特定局制度がらみの反発・休日における放送集金問題・電通合理化反対・簡保転賃債による局舎反対・自営局舎反対・自由任用局長反対・上越労変(労務政策変更斗争)など、例を挙げればきりがない。

代表的なものを順に紹介しておく。

第一に、拠点闘争である。

これは拠点の業務停止が目的である。どこか一カ所の特定郵便局に狙いを定め、切手の販売などの窓口業務をやらせないようにするのだ。

始業時間近くになると、組合員は職員通用口にバリケードをつくる。

職員が中に入れないようにして、その局を事実上、業務停止に追い込んでしまう。そうなると丸一日、潰されてしまう。

拠点闘争の目的は、もう一つある。

組合活動に積極的でない職員に対して、圧力をかけ、局長側につくことを避けさせるのだ。

では、いかにして拠点闘争に対抗したか。

まずは、情報が重要となる。

事前にアンテナを張り巡らせておき「いつ」「どの局」で闘争が行われるか、精度の高い、確実な情報を仕入れておく。

どこの局か分かれば、局長仲間とともに、指定された局へ出向く。

そこで、非組合員と面会する。彼らは組合員から「局に出勤するな」と要請されているので、そういう要請に対して応じても意味がないこと、法的根拠がないことを淡々と説明する。

そして、納得してくれた非組合員に対して、組合員が作るバリケードの隙間をついて、局舎へ入れてしまうのだ。

一人でも入れてしまえば、成功だ。窓口業務ぐらい何とか持ちこたえられる。

外回りの配達員などが確保できない場合は大変だ。

その場合、労務理事自ら先頭にたち、局の配達物を配達員に代わって、お客様の家々に配達していたこともある。

組合運動においては、お客様に迷惑をかけない——それがすべてであるし、こういったフォローを含めて労務管理であると私は思っている。これらがきっちり守られなければ、今度はお客様側から苦情が上がることになる。それだけは避けなければならない。


では、我々局長会側が、組合に対して、防戦一方であったかというとそうではない。

事前に情報を仕入れていたのは、先述の通りである。

情報を分析すれば、彼らの盲点が見つかる。そこをつくのだ。

拠点闘争の日時がわかれば、その前日の晩に、勝負をかける。

彼らは、必ず、いくつかの場所に分宿して、飲み会をする。

そこで酒を酌み交わし、仲間や非組合員を酔わせる。局長側に引き抜かれないように、酔わせて寝かしつけ、翌日の昼頃まで、ゆるやかに拘束するのだ。

しかし彼らの脇は甘い。

接待する組合員自身も、真夜中になるとしこたま飲んでいるから、多くは寝込んでしまう。

彼らが寝静まった頃に、そっと侵入し、組合員を起こして、車に乗せ連れ出してしまうのだ。

これには数人がチームになり、見張り、侵入、車での移動など、各々が呼吸をぴったり合わせた連係プレーが必要であり、成功したはいいものの、何とも言えぬスリルがあった。

今思い出すと、楽しい思い出かもしれない。

点検闘争など

第二に点検闘争である。これも拠点闘争同様、大変厄介であった。

点検闘争とは、先述したように、管理者である局長に異議がないか、組合が調べあげて（点検）、何か問題があればたとえ細かなことでも徹底的に追及するという戦法だ。

点検闘争に対しては、いろいろな対策があるが、我々が先手を打つこともあった。

組合員側には、清廉潔白な人物ばかりではない。飲む、打つ、買うなどにのめり込み、家族や仲間に対して知られてはいけない、秘密を抱える者は必ずいる。彼らの中心人物のゴシップを探し出し、暗に知っていることを伝える。すると急に大人しくなる。「目には目を、歯には歯を」というわけだ。

第三は、特定局官制化反対である。

とにかく、何でも反対してくる。その経過はこうだ。

先述したように、机などの特定郵便局の備品に難癖がつけられるようになると、その対策として、国が局の備品などを買い上げて管理するようにした。

組合側からすれば、これらを官制化されると、苦情をつければ、その苦情先は特定郵便局を通り越して、直接郵政省に出向き、話をつけなければいけない、ということになる。

交渉に手間がかかり、特定局長だけを攻め、いじめていればうまく操れる、という単純な構図ではなくなるからだ。

彼らがターゲットにした特定局が官制化すれば、それだけ局側が強化されることに繋がる。とにかく、彼らは個人攻撃をしやすい体制を維持したかったのだ。

第四に、電通合理化反対がある。

当時でいう「電電公社」は郵政省の管轄であった。我々、特定郵便局には女性の電話交換手が何人も雇用されていて、電話がかかってくるとケーブルを差し替えたりする作業を担当していたのだ。

電電公社が設立されると、その交換業務はコンピュータにより、自動化されつつあった。

電話交換手が合理化、つまり解雇されてしまうのに反対というわけだ。

解雇反対というのは道理が立つが、彼らの本音は、もうひとつあった。

職員がいなくなると、それだけ組合員が減り、組合側の力が弱くなるのだ。

第五に、簡保転貸債務反対である。

これは、郵便局員がかんぽで集めたお金を、政府に転貸、債務で自由に使用することに対しての反対であった。

組合員の多くはかんぽに入っていた。そのすべては国で管理され、さまざま必要なところで活用されていたが、もともとそのお金は自分たちのものであるから、別途目的に使用するのは反対、ということだ。

だが、知っての通り、郵便貯金やかんぽで入ったお金は、その日のうちに大蔵省の預金部に入る。そして預金部が、お金を管理し、国の必要な事業に回して、結局、国民のために役立てていたので、これに反対するのはナンセンスであった。

第六に、自営局舎新設反対である。

何度も説明しているように、局舎はもともとお金のない政府に代わって、地元の有力者が身銭を切り、建てたものだ。

そこで郵政事業を展開し、売り上げたなかから、政府は取扱高に応じた手数料を局長に支払い、局長は局員に給料の支払いをしていた。

しかし、組合としては「局舎は公的な建物であり、立て直しの際、国が費用をださず、局長が建てるというのは、おかしい」と、反対を唱えた。

郵便制度がはじまった成り立ちそのものをまったく理解していない、意味不明の論理である。困ったものである。

局舎が、局長の物であれば、局長に権力集中すると勘違いし、嫌がったのだ。

彼らの反対は、徒労に終わった。

今でも局舎は局長が建て、日本郵便が借り入れをしている。

それは、その方が安くつき、他にお金をかけるべき場所にかけられるからである。

このように、郵便局を利用するお客様には何にも関係ないこと、利益のないことばかり、自分たちの利のある方へと動かそうと、組合側は反対を続けていたのだ。

組合闘争の犠牲者

組合への対処法は、常に一貫していた。

同一認識、同一対処、同一行動である。

何かある度に、方針がブレてはいけない。

一旦ブレたとなれば、彼らはつけあがる。

また、そのブレを指摘して、彼らのいいように誘導されてしまう。

しかしながら、末端の局長のなかには、弱気になる者がいた。

人との対立に慣れていない局長は多い。

「後で組合から仕返しをされたらたまらん」とやり過ごそうとするのだ。

実際、多くの局舎では局長が組合員のいじめにあい、嫌がらせをされたり、職務放棄をされたりして、辛い思いをしているものがいた。それで自殺をした局長を何人も知っている。

ただ、彼らの報復を恐れていては、何も解決しない。組合の勢いに負けてしまいそうな局長達を助けるために、いろいろなことをした。

組合員が押し掛けてきて、弱っている局長がいるという報告が上がってくると、局長に代わって私が応対をする。

それでも、組合側がしつこく嫌がらせを続けているのであれば、彼らの弱点、違法性のある部分を、時間かけてでも探し出し追及していく。

局長が精神的に弱ってしまっていれば、そのサポートもする。

私は子どもの頃からガキ大将であり、むしろケンカの仲裁役を買ってでることが多かった。争いを嫌だと思ったことはない。

尾行がつけられる

こうして彼らがターゲットとした局長達のところには、私が必ず出張っていった。自慢ではないが、彼らの要求に屈したことはない。

それに対して、組合員達はどう思っていたか。

私が現場に姿を見せると「また来たか」と諦めの表情をみせることが多くなっていった。

これではいけない――と思ったのだろうか。彼らは私を「目の上のたんこぶ」と認識したようで、組合闘争成功のために、ターゲットを私本人に据えてきた。

ある朝のことである。

私に尾行が付けられた。谷浜郵便局は、谷浜駅前に建てられており、局の入り口からは周囲がよく見える。

また、村の人間はだいたいが見知った人間なので、素性のわからない人間はいない。三人ほど、駅の角にずっと潜んでいるのをみつけた。狭い地域なのですぐにバレるのだが、こちらから声をかける必要はない。

バレたと思ったのだろうか。彼らは開き直った。三十分から一時間おきに見張りが交替で局へやってきた。一円の切手を買って出て行くのだ。私の様子を伺っているということを見せつけて圧力をかけようという算段らしい。

私が車に乗ってでかければ、彼らも車で尾行を続ける。

私がどんな場所に行き、誰と会っているのか逐一確認しているようだ。当然、妙な場所への出入りすることもないので、彼らの努力は徒労に終わることが多かった。

ただ、付けられるだけでは気分がわるい。

道路脇に車をとめ、見張りの車をいったんやり過ごす、そして逆に組合員の後をつけて走り回ったことがある。見事に皆、気味悪がってどこかへ逃げてしまった。小さな仕返しである。

団体交渉の方法

組合員との団体交渉の場での、対処法を説明しておく。

団体交渉時に、私にとって一番大切なもの、それはタバコである。

落語家にとっての扇子や拍子木のようなものかもしれない。

団体交渉がはじまると、まずはタバコを吸いはじめるのだ。

組合員の要求が佳境にはいっても同じ、「聞いているのか」と強く問われても同じ、足を組んで横を向くという姿勢は、まったく変化がない。

違いは右を向くか、左を向くか、ぐらいのものである。

タバコは便利だ。

タバコ吸って、横を向いていると、会話に間がとれる。

相手の質問に対して、すぐに答えなくてすむ。

組合員はつぎつぎに要求を押しつけてくるわけだが、そんなもの、内容をしっかり聞いていようがいまいが、関係はなかった。すぐその場で回答を出せるものなど万に一つもない。

タバコを吸って、横を向いていると、必ずといっていいほどいいことが起こる。人の話を聞いているのかと、相手が怒り出すのである。

するとこっちのものである。

怒り出すと、その言葉のなかに失言がでる。そこで、すかさず身を乗り出す。「ちょっとまて、それはおかしいじゃねえかよ」と、失言を捉えてがっと攻めたてるのだ。

具体的な要求の内容は「いつも同じパターン」なのでまったく聞いていないのだが、失言だけはしっかり耳に入れておく。これが団体交渉時の最大のポイントかもしれない。

どれもこれも、上へ掛け合って法律を改正せねばならないことばかりで、団体交渉時に激しく言い争っても意味がない。末端の我々には、そもそも権限がないわけである。ただの政府側の防波堤であったのだ。防波堤は波をふせいでさえいればよい。津波がどのようにしておこるのかなど、根本的なことに気を病むことはない。上のほうにまかせておけばよいのだ。

千人が押し寄せる

尾行が失敗して打つ手なしと自覚したのであろう。

彼らは最終手段にでた。

谷浜村に、千人もの組合員が一斉に押し掛けてきた。新潟だけでなく隣県からも動員をかけたようだ。スピーカーをつかって大演説をはじめた。まるで右翼の街宣活動のようである。

だが、私は慌てることはなかった。

情報を事前に仕入れ、いつ彼らが来るか、どのぐらいの規模かということはおおよそ掴んでいた。事前に警察に連絡をとり必要な準備をしておいた。地元住民の皆様には「組合員が大挙してやってくるけれども、心配はいらない」と詳細を話し納得してもらっていた。

村全体に、動揺した様子が見られなかったからであろうか。

最終的に、一時間ほどで切り上げ、すごすごと退散していった。

風向きが変わった年賀状配送拒否闘争

労働組合の運動は時代の後押しがあり、郵便局だけでなく、どの業界においても盛んであった。

しかし、いつまでも同じ状況が続くとは限らない。

潮目が大きく変わり始めた。

年賀状配送拒否闘争だ。

組合側は軽率に「郵便事業において、一番大事ともいえる年賀業務を拒否すれば、局長側に非常に大きなダメージがでるので、交渉に乗ってくれるのでは」と安易に考えたのだろう。

自分たちの要求を満たすために、お客様を捨てて闘争するわけである。

だが失敗すれば当然、郵便局そのものの信頼をガタ落ちさせるものだ。こうなれば、組合側にとっても飯の食い上げになる。

結果はどうなったか。

さすがに、年賀状を配らないということは、国民の理解を得られなかった。

やってしまってから気づくとは、笑い話であるが、これ以降、全逓は良いこと、悪いことの分別をつけて闘争に臨むようになったのだ。

組合運動の沈静化がはじまる

組合運動を沈静化させるには、どうしたらいいか。

簡単なことだ。それは組織を弱体化させればいい。

組織を弱体化させるには、よい方法がある。

相手の数を減らすことだ。

現代人は、戦国武将といえば、相手かまわず戦争をしていたというイメージをもつが、そうではない。彼らは実際の戦闘前には、必ず政治戦を行う。敵のなかに心揺らぐ者をみつけ、籠絡し、その兵力をまるまる味方につける。忍者などのスパイをつかって、相手国の世論を誘導する。こうなると、戦わずして勝敗がつく。

我々がとった方法も同じである。

決め手となったのが、「全日本郵政労働組合」(略称：全郵政)だ。これは、全逓の中でも、その方針に賛同しない一部の者たちが「全国特定局従業員組合」と「郵政労働組合」を結成し、団結したものだ。

これにより、全逓の組合員数を大きく減らすことに成功したのだ。

組織には、組織の力を持って対抗せねばならない。

以前、組合の力は強大だった。局長会だけではどうしても、圧倒的に人数差があった。全郵政ができて以降は、その人数をどんどん増やしていくことに注力すれば、自然と相手の組織力は弱まっていくのである。

組合員の取り合い

全郵政の登場以降、組合員との闘争は、一点に絞られた。

組合員の取り合い、だ。

新人採用の際、我々特定局では必ず、全郵政への勧誘を促した。局長からだけでなく、味方の職員からもお願いしてもらった。

これがうまくいくにつれ、全逓の勢いは低下した。職場や仲間内で問題が頻発するようになったのだ。

ここにつけいった。全逓に嫌気がきした全逓の組合員を、全郵政に勧誘していき、さらに全逓の人数を減らすようにしたのだ。

同様の方法は、国鉄の労働争議でもとられたが、経営陣は失敗した。もともとの組合組織の力が強大すぎるあまり、効果的な方法がうてなかったようだ。また、彼らには特定郵便局のような制度がなかったのも敗因の一つだろう。我々が政府の「防波堤」の役目を果たしていたからこそ、勝利を得られたのである。

国鉄のように、組合を叩けばいいというものではない。

聞く耳を持たない者たちに、改善をもとめるなんていうのは馬の耳に念仏なのである。

それよりも「実際に組合側が最も困ること」を仕掛けて行かなくてはならない。それが〝組織の力を弱めること〟だった。

我々も、もし第二組合である全郵政を組織し、成長させることができなければ、郵便局も国鉄同様の末路をたどっていたことだろう。

組合闘争の終わり

組合運動の潮目が変わりはじめたことは、組合側も気がついていた。

彼らは彼らなりに、機を見るに敏なのかもしれない。

一旦見通しが悪くなると、今度はくるりと手を返し、すり寄ってきたのだ。

以下は、全特の会長になってからの後日談である。

「今度、開催される信越組合の総会に来賓として出席してほしい」というのだ。

正直、全逓の組合員の前で来賓挨拶するなど、自殺者まで出した組合運動の最盛期には、夢にも考えられない。ただ、彼らがそういう手に出てくるのは想定内の出来事であった。追いつめられた全逓が生きる道は、自分たちを追いつめた局長である私と手を組む以外ないからである。

私は天邪鬼である。

組合側の申し出にホイホイと腰を軽くして乗ることはない。

「忙しいからダメだと」と一旦は断った。すると「あなたが忙しいのは分かっている。だから、日時を指定してくれれば、その日でいい」と言ってきた。正確には、そう言わせたのだ。

組合の総会に出席した。

周囲からは、異例の対応だと噂されていたようだ。

当然、招かれたからと言って、彼らに甘い言葉をかけるつもりは毛頭なかった。「郵政事業が発展せねば、組合もだめになるんだ。我々は一蓮托生だ。だからこそ、お客様に迷惑をかけずに、きちんと仕事をするべきだ」と、いつもどおり郵政事業についての持論を蕩々と語った。

講演後、一瞬の沈黙があった。

かわいいところもあるではないか。皆、黙ってただひたすらに私の言葉に耳を傾けていたようだ。「受け」は思っていたほど、悪くなかったようだ。

主催した組合執行部にとっては、私の講演内容などどうでもよかったのかもしれない。末端の組合員達に「敵対勢力の管理者と通じている」という姿を見せたかったのであろう。

その後も、同様の攻勢が続く。

全逓の執行部は「今後も懇談の場を設けたい」といい、料亭に招待を受けたり、たいそうなもてなしを受けたりした。そうして徐々に組合との闘いは終焉を迎えていった。

郵政関係の役職一覧

私が数々、若くして役職を任されてきたことは、よくお分かりいただけたと思うが、少々複雑に思われる方がいるかもしれないので、ここでいったん、ここまでの私の経歴について、列挙させていただきたい。

〈特定郵便局長会〉

上越特定郵便局長会

理事　昭和二十六年五月二十六日

副会長　昭和三十四年四月二十五日

会長　昭和三十九年四月二十五日～

信越地方特定郵便局長会

監事　昭和三十五年六月十日

理事　昭和三十九年六月二十日

副会長　昭和五十三年七月一日

会長　昭和五十八年七月一日

〈特定郵便局長業務推進連絡会〉

上越特定郵便局長業務推進連絡会　理事　昭和三十四年四月一日
副会長　昭和三十九年四月一日
直江津特定郵便局長業務推進連絡会　会長　昭和四十一年四月一日
幹事　昭和二十七年十月一日
特定郵便局長　業務推進連絡会　信越連合会　副会長　昭和五十三年七月一日
会長　昭和五十三年七月一日
特定郵便局長　業務推進連絡会　全国連合会　委員　昭和六十三年四月一日
上越特推連直江津部　会長　昭和三十一年十一月二十一日
（上越特定郵便局長　業務推進連絡会　直江津部）
〈対全逓〉
全逓　上越特定郵便局支部　省側　交渉委員　昭和二十八年十月三十日
省側　苦情処理委員　昭和三十三年十二月二十六日

トップに立つ者として歩んできた道

先述したように、私は比較的若い年齢で要職に就いてきた。ゆえに「田中君の資質は認めるが、若すぎる」とよく言われた。

どのように言われてもかまわない。

だが、ときに自分がその職に就きたいがために「先輩に、役職を譲れ」と命令されることがある。

これはおかしい。

トップは飾り物ではない。

会員の先頭に立ち、会のため、会員のため、体を張って行動する者でなければならない。

私は三十九歳で上越特定郵便局長会の会長を、五十八歳で信越地方特定郵便局長会の会長を歴任した。

ともに、異例の若さでの着任であった。

上越は地元なので問題はなかったが、信越の代表ともなれば、二県をまたぐ大役のため反対意見がでた。

どういうことか、少し説明しておきたい。

信越地方の局長会会長は、長い間、新潟県出身者が占めていた。私はその補佐として動いていた。

しかし、同じ新潟出身の私の目から見ても、当時の会長はその役職を務めきれてはいなかった。

周囲の者からも「田中さん、会長に辞めてもらうよう説得してくれ」と言われるに至り、無事辞めてもらうことになったのだ。辞める際、会長からこれだけは聞き入れてくれと頼まれた。

「新潟県から長く会長を出したから、次は長野県から会長を出してくれないか」

この申し出に私以外の新潟出身メンバーが「次の会長は田中さんが適任だ。順番で決めるものではない。信越局長会のためにどれだけ貢献してきたか、その資質で問われるべき」と反対した。

私は前会長の最後の願いだから、受け入れてあげよう、と他のメンバーをなだめ、長野県の会長が就任することとなった。

ここまではよい。ところが、だ。

その方は着任後早々「一期だけで辞める」と言い出した。百歩譲ってそれをよしとしよう。だが「とはいえ、私は一期しかしていない。短いと思うので、もう一期、長野県出身者でやらしてほしい」というのだ。

自己都合で早く辞めたいと言っておきながら、後任は長野県で、との言い分を新潟県側が受け入れるわけはなかった。

「前回、本来であれば田中さんが会長になるのを譲った。次も譲れとは失礼にもほどがある。約束は充分に果たされた」

一度ついた火種は、なかなか消えない。

火種を消すには、選挙を行えばいいだろうという案がでた。

だが、新潟県のほうが局数が二〜三多いので、公正ではないという長野県側の「物言い」がついた。私の知らないところでも、裏工作があったようだ。そういった駆け引きがあったものの、最終的には総会が開かれることになった。

投票の結果が判明した。

開いてみれば、新潟県だけでなく、長野県の票さえ、私のほうへ数票入っていることがわかった。

すると、向こうも通す筋がなくなり、やっとのことでこの騒動は落ち着いた。

そもそも会長職は、お飾りではない。

なりたい者がなるのではなく、人から認められ、必要とされた者がなるべき性質のものなのである。

秘密会議が開かれる

信越の会長選のあと、しばらくして、同様の事態がふたたび巻き起こる。

全特の会長選挙である。

先述の通り、太平洋戦争後、サンフランシスコ講和条約が締結され、日本が独立国家になるまで、全特はＧＨＱによって解散させられた苦い経験がある。全特はこの制度を守るため、一致団結し、さまざまな荒波を乗り越えてきた。

今後も何か不足の事態が起きるだろう。

弱い組織は滅び去る運命になる。

はっきり申し上げて、組合闘争の際に、我々は苦戦を強いられた。それは組織が弱かったからだ。闘争を何とかやり過ごしたものの、このままでは特定郵便局の未来はないだろう。

メンバーの危機感は相当に高まっていたと思う。

特にそれを気にかけていたのは、全特の理事達であった。理事は各地方会の会長で構成されているのだが、その頃ちょうど全国規模で新しく理事の入れ替えがすすみ、会の考え方の流れが変わり始めた。

この組織のトップとなるには、副会長を経験していることが慣例であった。

副会長の中から年功序列で決まり、選挙が行われた実例はなかった。

私は単なる信越の会長であり、全特では数ある理事のうちの一人であり、副会長ではなかった。

全特会長退任後も最高顧問として活躍

当時、副会長の職についていたのは二人。近畿の森山、そして関東の海老沢である。しかし「この二人ではどちらが選ばれても、役不足だ」ということを、理事の多くが、見抜いていた。

会長の任期が終わりに近づいてきた頃のことである。

全特での理事会が開かれる度に、副会長2人と私を除いて、会議終了後、全員が姿を消してしまう。

パッと魔法のように消えてしまう職員たちを見て「不思議だな。いったい何をしているのか」

いろいろと探りをいれてみたが、誰も口を割らず、不思議に思っていた。

そんなある日、急に彼らからお呼びがかかった。

その集会のドアを開けると、副会長二人を除いた全国の理事

が勢揃いしていた。そして開口一番、

「我々は君を会長に推薦したい。もし副会長から理解を得られず、選挙になったとしても、絶対負けない体制を整えてある」

「おいおいそんなこと大丈夫か」と私。

「この計画は副会長に知られないよう、秘密裏のうちに進行した。票数の確保も間違いはない。とにかく出ろ」その一点張りであった。

彼らが言うには「副会長は人望がなく、会をまとめ、引っ張る力がない」とのことであった。

私は、副会長を擁護するつもりもないが、批判するつもりもない。

あくまで中立の立場であった。ただ、会の未来に漠然とした不安をもっていた。

それまでの会長、副会長のなかには、全特の活動をおざなりにし、保身のための政治活動をする者が多かった。全特の会議中なのに、堂々と抜け但し、郵政省の「偉いさん詣で」を繰り返したりしていた。

そのような一部の人達にとって、全特の会長、副会長になるというのは、双六でいう「あがり」である。実務は若い理事などに任せるという名誉職への就任ととらえていたと思われても仕方がない。

だからといって、せっかく自分達が選んだ会長職を強制的に引き摺り下ろすこともできなかった。

そんな中、私に白羽の矢が立ったということだ。

無私大道

私もそんな全特の組織運営を楽観はしていなかった。

しかし、だからと言って「自分が会長に立候補しよう」とは思っていなかった。だが、事態は切迫しているようであったし、何より私を信頼して頼んできてくれている皆を前に、断りを入れられるような性分ではなかった。もともとが親分肌のようだ。何日か真剣に悩んだ。

私で全国組織のリーダーがつとまるであろうか、周りから若いと陰口をたたかれるだろうか、といろいろ逡巡した。

ある言葉を思い出したとき、吹っ切れた。

無私大道。

私心をなくし、公のため、大きな道の真ん中を歩むべし。自分のことばかり考えても仕方がない、文字通り、大きな道の真ん中を、堂々と歩んでいこうではないか。

腹が決まった。

だが、これは会に大きな波風をたてる決断だ。

副会長の二人はどちらかが会長になれるだろうという算段だったようだ。取り巻きの間では、関東の方が年齢的に少し上だから、その後に近畿という形で調整が進んでいたようだ。

それらの調整の努力は、私の登場で一気にご破算となる。揉めるのは目に見えていた。

座右の銘、本人の直筆

彼らの耳にも、私が会長選挙に出るという話が入った。すぐに二人の副会長それぞれから「田中君。君はまだ若い。一期だけでいい。譲ってくれ」という話がきた。はじめこそ、丁寧な言い方であったが、いよいよ状況が不味いと気がつきだすと態度が一変した。

まずは近畿であった。「近畿の役員会に出てこい」と命令された。行くかどうかは私自身が決めることである。その必要性を感じなかったが、好奇心は旺盛なほうである。大阪まで足を運ぶことにした。

役員会が始まって早々「とにかくお前は引っ込め」そのひと言を皮切りに、「なんで出るのか」「なぜそんな気になったのだ」こちらが答える時間を与えられず、一方的な質問攻めにあった。

ようやく収まった頃を見計らって言った。

「なりたくてなるのではない。その指摘はお門違いだ。これは私以外の者の総意である」

「そのほかのことは、周囲に任しているからこれ以上のことはわからない」

と、本当のことを説明するのに終始した。

しかし、彼らはそれを私の本心とはとらえなかったようだ。会議の最後にはとにかく、会長は我々の方から出すから、暗にお前は身を引け、と念をおしてくる。私は言葉の応酬をするつもりはなかった。

「民主的な選挙が行われる以上、立候補は自由ですね。お望みなら出てはいかがですか」と淡々と告げた。

核心を突いてしまったようだ。一同、しんと静まりかえってしまった。

会が終わって、私が席を立つと、一人の男が近づいてきた。

専務理事であった。彼は大人だった。こちらの事情をよく理解してくれていたようだ。「せっかく大阪まで来てもらったから」と言って、さまざまな名所を案内しながら、全特という組織の未来について彼の思うところを話してくれたのだ。近畿にも全特の行く末を真剣に考える者が多くいるという事実を知り、胸を熱くした。

自分たちの欲にかられた行動というのは、しつこく、始末に悪い。

その後も両副会長陣営からなんだかんだと横やりを入れられた。

ついに、立候補が確定する北海道総会の日となった。

私を推薦した全特の事務局は選挙になると確信していたので、そのとき既にあれこれ準備に手をまわし、大忙しといった様子で会場に集っていた。ただ「台風の目」の中心にいる私にとって、周囲のさわがしい状況は理解できなかったが、雰囲気はいつもの総会と随分、異なっていたようだ。

しかしどうだろう。会場に着くなり、慌てて事務局員が私に駆け寄ってきた。

開口一番「選挙は中止です」というのだ。相手が立候補を取り下げた、と言うではないか。大山鳴動して鼠一匹出ず、私の会長就任があっさり決まった瞬間であった。

選挙戦の立役者

本項は、私の全特会長時代を支えてくれた手塚明君から聞いた話である。私を担いでくれた者は、ほんとうに大変だったようだ。担ぐ以上、私に恥をかかせるわけにはいかないし、準備には念には念をいれねばならなかった。

とくに、手塚君はよく動いてくれた。根回しに全国を走り回ってくれたのだ。彼が一番最初に挨拶に出向いたのが、九州であった。当時の九州地区の副会長は、私と同じく、地方出身の理事の一人であり、立場としては近いものがあった。それゆえ「信越出身の会長は認められない」「慣例通り、副会長から会長への流れを踏むべきだ」と跳ね返されたらしい。近親憎悪である。

彼は全逓の労働闘争時の運動に、果敢に立ち向かった一人であり、少々荒っぽいところはあり、とりつく島がなかった。

しかし、手塚君があきらめず、誠意をもって、全特の未来と、私の強い決意を説明してくれたおかげで、最終的には支持を表明してくれた。このように、多かれ少なかれ彼と同じような反応を示した者は多かったようだが、オセロの石が一枚ずつひっくり返されるように、徐々に形勢が私達に

手塚明氏

有利に、ひっくり返っていった。

オセロの勝負は、角をとるかどうかで決まる。

私の陣営は、二つ角をおさえたようだ。それは近畿の幾田俊彦さんと、難波修三さんである。彼らは自分達のボスである近畿代表の森山を差し置いて、私を支持してくれたのだ。

彼らは、北海道、東北、関東、中部、中国・四国、九州、沖縄の七地区すべての会長に声をかけ「このままでは全特は崩壊する」と説得し、一人ひとりが直筆で署名した檄文を作成してくれた。

そして、全国の局長に一斉に発送したのだ。これだけのリーダーが会の未来を憂い、私への支持を表明したのだから、その影響ははかりしれないものがあったと思う。

結果、これが決定打となって、一気に状況が変わったようだ。

会長になりたかった両副会長は、前に出れば私と全特事務局、後ろに下がれば全国の支持者という構図に挟まれて、立候補を取り下げるにいたったようだった。

第三章　全特会長時代

局長会たる存在　組織力を高めるために！

私が会長になるまで、会長職が人物本位で選ばれていなかったことからもわかるように、どの人物がどの役職に適切であるか充分に検討されてのことではなかった。役職毎の業務内容と責任が明確にされていなかったからだ。

就任以降は、責任分担を明確にし、役職を任されたものは、それに専念するよう徹底した。それに続き、組織強化を軸とした全特の活性化を次々に展開させていった。さて、ここからは全特会長に就任以来、具体的にどんな活動をしてきたのか、皆様に話をしたい。

活動①　トップの考えが、末端まで浸透する組織作り

全特は、各地方局長会の連合体である。

連合体であることに、いいも悪いもない。

ただ、会長の考えが、末端の郵便局に届くまで、会長→地方会→地区会→部会→約二万の局長、という指揮命令系統をたどるのに、時間がかかってはいけないし、考えが間違って伝わる「伝言ゲーム」が起こってもいけない。

ましてや、私は全特の事務局と理事会の推薦を受けただけであって、末端の人々は、顔はおろか、名前すら知らない人が多かったと思う。それゆえ、組織全体を動かしていくことは予想以上の難題であった。

ただ一つ、幸いしたことがある。それは、副会長経験なしの異色の飛び級であり、大都市の地方会出身者ではないという経歴であった。

これにより「田中とはいったいどんなやつだろう」という、二万余の局長の耳目を集めたことだけは確かだ。

また、直属の理事達は、担ぎあげた責任があるからだろうか、私の話をよく聞いてくれた。

さらに、その理事が全特会から持ち帰った話を、自分たちの会で事細かに、徹底して伝えるよう努力してくれていた。

これにより「末端までトップの考えを浸透させやすい風土」は想像よりも早く出来上がり、会全体が「新会長は思ったよりしっかりしている。会長交代による組織への悪影響はまったくない」という空気で包まれた。

活動② 全国地区の特定局長会の会長会議の開催

全国特定郵便局長会の役員は会長、副会長(二名)、専務理事、理事(十名)、監事(三名)で構成され、最高の意志決定機関は、総会である。

組織の形としては、ある程度のものはできている。にも関わらず、全特という組織が盤石でないのは、なぜだろうか。考えた末、全国規模で地区毎の代表者を集めた会長会議を開くことにした。

各地区会長は、総勢二百数名以上いる。

自分では自然な振る舞いであったのだが、会議での私の態度は驚くべきものであったらしい。二時間もの長時間、原稿を持たず、ただ前を見据え、己の考えを一貫して話し続けていたからだ。各地区の会長たちは、このような場面を想像しなかったのか、目を丸くし、ひたすら聞き入っていた。

あるものはひたすらメモを取り、またあるものは頷きを繰り返す。反応はさまざまであったが、皆の心に私の声が届いたことを確信した。

私は昔から、人前に立って話すときは、原稿を読まないようにしていた。

原稿では肉声は伝わらない。

迫力もそぎ落とされる。原稿を書いてしまうと、どうしても美文を目指してしまう。その場で、自分の言葉で、考え方を披露するからこそ、聞く人々の胸を打つはずだ。

それに、私の考えは、原稿にまとめる必要がなかった。

就任以前から、一貫してかわらない。

それは同一組織、同一認識の原則である。

わかりやすくいえば、ひとつの組織は、ひとつの考え方で行動すべきだということだ。異なる主義主張や、迷いは一切許されない。

もし、読者の皆様の身体に、複数以上の脳があるとしたら、どうだろう。何事も決断に迷い、ただしい進路を選択することは不可能だ。ひとつの身体に一つの脳があるから、人間はただしい行動をとることができる。

これは組織であってもまったく変わらない。

第一回目の会長会議では、この会議の必要性について蕩々と話した上で次のように付け加えた。

「私はここで、皆さんに私の考えを、直接、充分に伝えたつもりだ。私の責任はここまでだ。この内容を末端まで浸透させるのは、誰の仕事か。あなた方だ。できなかったとなれば、あなた方本人が、周りの局長や職員と適切なコミュニケーションがとれていないということだ。徹底して欲しい」

「下の立場の者から質問を受けたとき、どうあるべきか。即答すべきである。これができないと信用されない。必要な考えは常々部下に話しておく。部下に質問を受けたときはそれを答える。

『聞いていません』と言われたら、部下ではなく、あなたの責任となる」

会場中の空気が、ピリピリと伝わってくる。

最後に言うべきことを忘れなかった。

「全特の指揮命令系統は整った。あとは、皆に組織強化に取り組んでもらうだけだ。その代わり、何があっても、私が責任をもって、皆さんが立派にこの仕事をやり遂げられるよう擁護する。だから、思い切ってやってほしい。困ったことがあれば、電話でも手紙でもいい。誰かを通さなくてもいい。直接、私に連絡をよこしなさい。どんなことでも、必ず回答する。たとえ本省との交渉事を要するようなことでも、決して厭わない」

先ほどまで張りつめていた空気が一気にほどけた。

私は常に、組織ゆえの厳しさも、組織ゆえできる助け合いも、一緒に説いてきた。徹底するよう指示はする。だが、それだけでなく、その過程において何か問題が発生したとき、対応できる体制がないと、末端の人間は動けない。先述したとおり、この会議の対象者は、二百名以上はいたが、そこへさらにもうひと工夫した。

傍聴者を許可したのだ。すると一万人近くが集まった。これで全国の局長の半数を占める。半数が私の話を直接聞けるわけだから、聞いた人間は、自分以外の誰か一人に「田中会長が、こう言っていたよ」と伝えてもらえれば、トップの考えが、すぐにあまねく行き渡る。このような仕組みを構築することができた。

活動③　全国理事部会会長代表者会議の開催

全特のトップに会長や理事がいるように、各地区組織にも会長、理事がいる。各地区組織には六つの部会があり、部会長がいる。

部会長が集まるのが全国部会長代表者会議、理事が集まるのが全国理事部会会長代表者会議である。

これらの会議の目的は、トップの考えがしっかり末端にまで機能しているか、その浸透度合いを確認し、実行しているかどうかを知るためである。

江戸時代に五人組という制度があった。

近年、歴史教育による誤りがあり、よいイメージをもっていない人がいるかもしれない。だが、組織の強化には、できるだけ違った方向から、確認を繰り返すことが重要となる。この会議の開催により、上、下、横同士、互いに意見を交わし易くなったと聞く。

もし、徹底できていない地方会があれば、私は「あなたは前回の会議を何を聞いて帰ったんだ。役割を全うしてほしい」とたとえ皆の前であっても、注意することを欠かさなかった。こうした厳しさを忘れてはいけない。

一喝すると、反省して以降は徹底してくれる者が多かったように思う。

活動④　全国女性局長代表者会議の開催

私の会長就任時、女性局長が少なかった。

少ないながら、彼女達は平均して男性より業務態度が真面目であり、業績がよいという特徴があった。女性は利用者に対する気配りや、仕事のきめ細かさのレベルが高い。

だが、数が少ないゆえ、個々の女性局長は孤立しており、横のつながりがなかった。そこで、かねてより私は女性局長を応援したいと考えていた。

初会議は、予想以上に盛り上がった。

彼女たちは優秀であった。会議後は自主的にブロック毎の女性局長会をつくりだした。その集まりに、私が招待を受けることもしばしばあり、活動の盛んさが伺われた。

とにかく、組織というのは〝生きた組織〟でなくてはならない。存在しているだけでは意味がない。末端が機能すれば、組織全体の活性化が早まる。

この会議開催以降、結果として、かなりの数の女性局長増員に成功した、はじめはごく僅かだった女性局長が、三百五十人程度

第25回近畿女性局長会総会（平成6年11月27日）

まで増えたと記憶している。

活動⑤　全国ソフトボール大会の開催

勝負事は、結束を生む。
私はスポーツを通じた会員同士の交流というものを大切にしてきた。

全特生協組合全国ソフトボール大会の様子

とりわけ、ソフトボールは大人数が一度に集まり、気軽にプレイできる団体スポーツである。テレビのニュースなども見ていると、近年、大企業などでも廃止していた運動会を復活させる動きがある。

スポーツを通じての交流が、直接組織の活性化につながることがわかってきたからだろう。

仕事を円滑に進めようと思えば、仕事のテクニックだけを向上させればいいというものではない。

その前に人間同士の付き合い、信頼関係といったものが大切になる。

ソフトボール大会は一日で終わる。

だが、多くの地区チームでは、勝利への欲が強く、試合までに練習日を何日も確保して、お互いの長所や弱点を分析し、チームを一体化させる努力をしている。

こういった草の根的な活動が、横の繋がりを生み、困ったときには相談しあえる相手となる。また、勝負事のメリットとして、各地方から代表が出てきて試合をするだけあって、「地元を応援しよう」というムードができ、より一層、盛り上がる。そのすべてが組織強化に繋がるのだ。

これはもともと上越や信越の会長時代に、実施し、好評を博していた。みな褒めてくれるが、地区での成功を全国規模で展開しただけのことだ。

活動⑥　永年在職功労者表彰制度の創設

人は叱れば育つという考え方は間違いだ。

人材の育成には、ムチだけではなく、アメの部分もしっかり用意しておかねばならない。功労者を表彰するという制度は、これ以前にもさまざまあったのだが、永年勤続で表彰されるという制度がなかった。それに特定局長はサラリーマンではない。最初から局長である場合が多いので、勤続という言葉を使うわけにはいかず、改めて表彰される機会は皆無であった。

また、局長職にもそれ相応の苦労が多く、適切に処遇してあげるのが会長の務めであると考えた。

そこで、十年、二十年、三十年の区切りでそれぞれ表彰状を贈る制度を整備することにした。表彰は、各地方会の地区総会で行う。十年の場合は地区の会長が感謝状を出し、二十年経てば地方会の会長が、そして三十年目には全特会長から贈られるというように、重みが増していく。

皆これを非常に喜び、励みにしてくれた。ちなみに創設者である私自身も表彰を受けた。誇らしい気持ちになったものだ。

これは本題からそれるが、局長自体を遇するため、表彰のほかに、給与の格付けをあげるよう努力した。一般局長は五級、その上が四級、さらに上が三級というように、階級によって給与がわけられているのだ。

各階級の総数は制限があるため、三級の者がなかなか辞さないとなれば、下の階級の者はいつまでも昇給が望めない。しかも、三級から上へあがるには、役員やさまざま職責の重い業務に携わらなければならない。

皆、さまざま努力をしていたので、そういう者たちを、私は目にかけ優先して格付けを上げてやらねばならないし、郵政省側に定数を増やす交渉を続けた。一定の成果を出せたように思う。

活動⑦　沖縄地方会に自営局舎第一号の完成

太平洋戦争は一九四五年に終戦した。

だが、アメリカの占領下にあった沖縄が本土に復帰したのは一九七二年になる。この間、沖縄の郵便局制度は、アメリカ統治下のもとで行われていた。本土復帰を機に、沖縄から「我々沖縄の郵便局を内地並みに戻してほしい」と言う要望が、以前から寄せられていた。だが、長年手が付けられずにいたのだ。

というのも、沖縄では、アメリカ方式で局舎が運営されていたため、内地の組織とは仕組みが違いすぎたからだ。

アメリカは特定郵便局制度に否定的な考え方であったのは先述した通りである。だから、特定郵便局といっても、普通郵便局と同じように扱われていたし、島内を転勤・異動せねばならない手間もあったのだ。

もちろん、戦前は同じ方式で運営されていたが、約二十年もの間、特定郵便局の形を離れた後では、もう何も以前の面影は残っていなかった。

そこから元の形に戻して行くのは大変な作業だった。

また、戻すだけでなく、進化した部分も合わせてサポートしなければならず、追加の作業が多く必要となったからだ。何もないところから、地区の局長会を作り、事務局を作るなど、多忙を極めたが、ゴールを設定しなければはじまらない。

そこで、自営局舎第一号の完成を一九九二年(平成四年)と定め、計画を始動させた。

沖縄には、数にして一七五局、簡易局を足すと、計一九八局の局舎があった。まずは、それらの局長全員に集まってもらい、特定郵便局制度の基本から理解してもらう説明会を開催した。

沖縄での活動

当たり前のことであるが、特定局の局舎は、自分たちで建てなければならない。これを説明すると「そんなことは無理だ」となる。最初はこういった様子でのスタートであったから、彼らを納得させるために、何度も沖縄に通い、島中の局舎を廻った。

郵便局の現状を理解してもらうため、沖縄の局長たちを、信越の局長会の事務局へ招いたこともある。そこで、学んだことを沖縄に持ち帰ってもらって、局長会を発足させたり、郵政省や沖縄管理事務所との折衝に臨んだりした。

そして予定通り、一九九二年(平成四年)沖縄県名護市に自営局舎第一号が完成した(注▼名護大北郵便局)。

このとき、当時の沖縄の会長となった下地達男氏の熱意には大変助けられた。彼がいなければ、この計画成就にはもっと時間がかかっていたに違いない。

活動⑧　ビル局舎チームの発足

特定郵便局の局舎は、局長所有のものである。

自分の懐から出費をし、建築する。

その局舎を政府に貸し、賃料をもらうという方式である。

普通の局舎であれば、何の問題もない。

だが、ビル局舎を建てるとなると、これは一筋縄ではいかない。なぜなら、テナントの場合、政府からもらう賃料の計算は、規定などが複雑で、算定が非常に難しくなる。だから局舎を建てたはよいが、予想していたよりも、賃料が安くなり、現実には赤字というところがあった。

これでは、何のために局舎を建てたのか、わからなくなる。

局舎は局長にとっての生命線だ。局の建築費は、通常で数千万円以上、すこし規模が大きい局になると一億円単位の費用がかかる。それを個人で建てるわけであるから、そこにはさまざまなリスクがある。建築費にローンが必要となるし、建物を所有すれば、固定資産税などの税金などに対処しなければならない。

また、建物は将来にわたって十年、二十年と長く使う必要があるから、減価償却をどのぐらいに見積もるのか、何年後に再建築するのかなど、前もってきめておかねばならない。

到底、これらすべてを局長が一人で対応できるものではない。我々全特が個別の局をサポートできなければ、本省の言うがまま、何千万円もの建築費の負担だけを負った局舎が完成しかねない。

自分の局舎は自分で守るのが、原則だ。

だが、そのための手助けを、全特が一切やらないというのは、組織として筋が通らない。

具体的には、毎月の売上のなかから、もろもろの経費を差し引いた上で、賃料分の利益を出せないと、局の経営は成り立たない。いきなり「ビルに局舎を作りたい」と言って、局長一人ですべての計画をつくり、運営するにはかなりハードルが高くなるのである。

そこで、局舎委員会を設置し、専門研究機関を置いた。そのなかで、局舎建設に関するマニュアルを作成した。

ビル局舎をつくりたい者は、これに従えば、失敗なくビル局舎建築に成功する。

マニュアルができる以前、ビル局舎の局長たちは、ビルオーナーと多々トラブルがあったようだ。それゆえ、私は会長になる前から、これについては大いに問題視していた。会長になればぜひ、効果的な対策に取り組みたいと考えていたのだ。

マニュアルを作成したからそれで終わり、ではない。

局舎の基本プロジェクトチームや税制問題のチームも設置し、さらに細かい対応ができるよう努めた。

そして、今でも局舎専門委員会というのがあり、システムはずっと継続して残っている。各地方会でも同じように専門委員会を設け対応している。そこで上がってきた新たな問題は、数カ月に一度、開かれる全特の専門委員会で取り上げ、話し合いで解決している。

ちょっとしたトラブルが元となって、局長が経営に苦しむようなことは防がなければならない。そういうケースが増えると、新たにビル局舎を建てたい私達の仲間がいなくなってしまい、組織の弱体化となるのだ。

それだけは避けなければならない。

活動⑨　六本木にそびえる全特六本木ビル

全特は、任意団体である。何の後ろ盾もない。

だから、自分たち自身で守り、強くしていかねばならない。

そんな全特の象徴は何か。全特六本木ビルである。

六本木一丁目という超一等地に、堂々と建つ、六階建てのビルである。

我々自身がオーナーの、持ちビルである。

全特の事務局、会議室、地域のための郵便局など必要な機能がすべて揃っている。また空きスペースはテナントや会議室として貸し出し、賃料収入がある。これらは比較的安定しているため、ビルの維持費に充当されるとともに、さらなる余剰収益を、もたらしてくれている。

全特のシンボル・六本木ビル

持ちビルでなければどうなるか。

テナントを借りればよい、という考えがある。

だが、組織に何かが起こって、テナント料が払えなくなったらどうなるだろうか。会議のたびに、どこかの会議室を探してさまようことになる。全国組織の心臓部が、そんなことでは大層心許ない。

全特ビルが建てられた当時、土地の取得費と建築費は、日本債券信用銀行(日債銀)から融資を受けた。

融資を受けたこと自体に問題はない。

ただ、タイミングが悪かった。

バブル崩壊である。

経営陣の不正なども重なり、日債銀は破綻した。この破綻が我々のビルの維持に大きな影響をもたらすとは思いもよらなかった。

新たな債権者から、一括返済を迫られたのである。

そうなると、暴論も飛び出す。土地建物を売ってしまえということである。

もちろん、そういう考え方があってもいいだろう。

だが、土地は、売ればそれで終わり、である。

今後何十年にわたる、賃料収入などの副収入を手放すことになる。

あまりに痛手が大きい。

売却を主張したのは主に都市部の人間だった。ビルがたくさん乱立する町に生まれ育った彼らにしてみれば「会議室やテナントなど、どこでも借りられる」そういう判断だったらしい。

たしかに、一見、合理的に思える。

だが、そうは問屋が卸さない。売却するとどうなるか。バブル直後だから、地価が暴落しており、タイミングとしては最悪だ。それでも無理矢理、売却したとしよう。不動産業者に見積もりをとってみると、借金を全額返済するには至らなかった。

「では誰がその残った借金の責任をとり、返済していくのか」

会議の席で、私が皆に尋ねた時、誰も答えられなかった。

繰り返しになるが、もしビルを売ってしまえば、超一等地の土地建物という莫大な資産をなくす。なにより全特六本木ビルは、私たち組織のシンボルである。なくなれば志気は大きく低下するだろう。これは「組織強化」を考える上で、非常に好ましくない事態だ。

しかもその時、ビル内に入居していたホテルまでもが日債銀から借金をしていたことが発覚、ビルからの退居が決まった。泣きっ面に蜂とはまさにこのことである。上京の際、皆がよく利用した思い出のあるホテルであり、一抹の寂しさも感じたが、そんな感傷に浸っている暇はなかった。

ホテルの撤退により、我々のビルにはテナント料が入らなくなる、加えて、撤退の際には、新品同然のベッドやテレビなどの備品を二束三文で売らざるを得なかった。

ホテルだけではない。バブル崩壊の煽りは延々と続く。これまで長年入居してくれていたテナントが撤退すると、あたらしい入居者はなかなか決まらない。風向きはますます厳しくなってきた。

こうした事態を打開するため、私は六本木ビル運営対策特別委員会を設置した。

「会議は踊る、されどすすまず」という状態が続いたが、じつは私の腹は決まっていた。ビルは売れない、金融機関から借金はできない、という状態を、消去法で検討すれば、答えは自ずと見いだされた。

ビルはそのままもち「金融機関からの融資でなく、自分たちがお金を工面する」のがその答えである。

そこで考えた策は、全国の局長一万八千人が、三十万円ずつ拠出するというものであった。

これは当然ながら、自分たちの身銭を切る覚悟が要求される。

反対意見も多く出たが、そのたびに評議委員会を開き、議論を深めた。

「返済時には、金利をつけろ」という意見もあったが、一蹴した。自分たちのシンボルを自分たちのために作り直すのだから、金利はつけなくてもよい。元利をそのまま何十回にわけで、分散して返して行くのがいいと、全員を説得して回った。

すると、不思議なことに、それまで反対していたメンバーも「一丁やってみるか」と本気になり、反対メンバーを説得する側に回ってくれた。

全会員に説明し納得させるのは容易ではなかったが、最終的には全員が納得してくれた。

結果、どうなったか。

一人の取りこぼしもなくお金が集まったのである。

私は当初、懐具合が悪い者が少しはいるだろうと考え、その分を計算にはいれなかったのだが、いい意味で裏切られたことで、予想よりも多くの金額を集めることができたのだ。

必要な金額が集まれば、ビルの再建築が可能となる。

だが、こちらも一筋縄ではいかなかった。

港区の再開発と時期が重なり、六本木ビルの建築申請書ひとつをつくるにしても、さまざまな基準や条件をクリアする必要が多く、自治体との交渉事が大変であった。

その八面六臂の活躍をしてくれた人物がいる。

私の地元、信越の玉井文四郎である。彼はまるで有能な政治家のような交渉力、調整力をもっていた。彼が前面にたって、陣頭指揮を振るってくれたおかげで、新たなビルの建設がスムーズに進んだ。地下鉄の地下通路から直接、ビルに入れるようにしたのも、彼のアイデアである。

彼は私の懐刀のように、活躍してくれた。あうんの呼吸で私の考えをよく理解してくれる人間が傍にいると、私に意見を直接言うことができないメンバーは、彼に意見を具申してくれた。ものわかりのいい人間をたった一人、介すことで、組織のトップに話を通しやすい流れが作れたのだ。

六本木一丁目には、今なお我々のシンボルが立っている。

時代がすすみ、当時よりもさらに土地の価格があがり、結果、全特の資産が増えることにつながった。そして、普通の任意団体が、大きなビルを構えられるような場所でなくなった。すべては吉と出たのである。

「一万八千人が一人の取りこぼしもなく、三十万円拠出する」というようなことは、あの時代だからできたことであっただろう。今、私が同じことをやろうとしても、無理かもしれない。

当時、この快挙は、テレビや新聞で大きく取り上げられた。

ちなみに、このとき皆から集めたお金を無事返済できたのは、つい先日のことである。長年にわたって全特の危機的状況を支えてくれたすべてのメンバーに、深く感謝している。

活動⑩　特定郵便局夫人会全国連合会の結成

局長は、一人ですべての仕事をこなすことはできない。

前述したように、局長の仕事は本来の業務以外に、多忙を極める。地域の方々の冠婚葬祭があれば、必ずお呼びがかかる。また、学校の運動会や学芸会、ＰＴＡ、自治会など人の集まるところに、顔を出さねばならない。

多くの局の場合、夫婦がひとつの単位となっている。

局長がフォローできない部分を、妻がサポートすることで、はじめて成り立つ。特定郵便局の経営は、夫婦で一蓮托生なのかもしれない。

彼女らの内助の功はじつに偉大である。

たとえば、事故や犯罪の防止面である。我々の仕事は金銭を扱うものである以上、多かれ少なかれ、金に絡んだ問題が出てくる。お金に関しては、男性がおおざっぱな計算しかできないのに対し、女性は細かく計算し、管理するのを厭わない。

また不正防止という観点からも、できるだけ多くの監視の目が必要となる。また、当然ながら、奥さん自身もそういうことに加担しないような対策を常々講じておかねばならない。

一番大きいのは、選挙かもしれない。

民営化以前、局長は公務員という立場であったから、表だって政治活動は禁じられていた。そこで、ご夫人方が夫にかわって我々の意見を代弁してくれる政治家に投票してくれるよう、働きかけてくれていた。

このように大きな役割をもつ、局長夫人であるが、その組織力は完全に整備されているとは言いがたかった。

ご夫人方をフォローするための組織として、地区会にはもともと、局長夫人会が存在した。そこで私は、これを全国単位の組織にして、より大きく、強く、組織を堅固なものにしたいと考えたのだ。

夫人会全国連合会を発足させた後、ご夫人方に全図的な横のつながりが強化された。毎年、この会に参加をするのが、年に一番の楽しみだというご夫人方が大勢いると聞いている。

活動⑪　炉辺談話の実施

郵便局での事故や犯罪は、職員たちだけのものではない。

ときに、局長自らの手が染まってしまうこともあり得る。

また、犯罪とまでいかなくても、プライベートで酒、女、ギャンブルに走ってしまい、お金に苦労したりすることもあるだろう。

局長たちの事故や犯罪を防止することは、何を差し置いても取り組まなくてはいけない重要事項なのだ。

こうした風紀の乱れは、組織に混乱を招く。

それゆえ〝互いの状態を確認しながら助け合う〟体制は必要不可欠である。

このような相互扶助において、最も役立った取り組みがある。

それが炉辺談話だ。

今となっては、この取り組みを真摯に続けているのは信越くらいであるが、ぜひ、この炉辺談話の必要性について、ここでもう一度詳しく皆様方に伝えておきたい。

炉辺談話の目的

炉辺談話とは何か。

辞書を引けば「炉端でくつろいでするよもやま話」と載っている。

落ち着いた雰囲気のなか、何か食べものでもつまみながら、ふだん話せないようなところまで踏み込んで腹を割った話をしようじゃないか、という集まりである。

具体的には、各部会の局長が三～四人の少人数グループをつくり、各人の自宅で年に一回ずつ集まる会を開催するのである。自宅に集まって多少の飲み食いをするので、華美なごちそうなどを要求して、ご夫人に迷惑をかけてはいけない。あくまでも〝きわめて質素に〟が鉄則である。

食事や飲みものは、持ち寄りで、金銭的負担のない程度のものにする、そうしないと長く継続することはできないだろう。

集まりの目的は、不正の防止にある。

政府からの業務を請け負っている私たちは、その大義を決して失ってはならない。不正があれば、国、ひいては国民から特定郵便局という存在を悪くみられてしまう。ひとたび、信頼を失ってしまえば、回復するのに相当な時間を要するだろう。

お客様から郵便・貯金・保険などで多額のお金を預かり、事業を通し「地域のために」と業務に邁進してきた歴史を持つ私たちにとって、そこで得た信用力は決して無くしてはならないものだ。

何度も言うように「全特は何の後ろ盾もない組織」である。自分たちの身は自分で守らなければ、この組織に未来はない。

家庭を見るということ

「飲んで話すだけの会で、お互いの状態の確認なんて無理」

「それなら居酒屋でやればいいじゃないか」

そんな声が聞こえてくる。

だが、よく考えてほしい。外で食事をすると、長く席を占拠するわけにもいかないし、なかなか腹を据えてとはならない。

また、隣の席にたまたま知り合いがいたりすると、周囲の目が気になり、腹を割った会話はできない。そんな状況のなか「何か困っていることはないか」と聞いても「大丈夫」とはぐらかされてしまうだろう。

炉辺談話では、会場代や食費が安くつくという以上に、自宅を訪れるというところに大きな価値がある。

百聞は一見にしかず。本人がいくら「大丈夫だ」と言っていても、玄関に靴がちらかっている、部屋の掃除がなされていない、障子が破けたままになっている、などが散見されれば、何かに困っているのではないかと、おおよその察しはつくだろう。

また、家を訪れたなら、奥さんや子どもの様子、お金の使い途などもよくわかる。たとえ夫が強がりをいっていても、奥さんや子どもの顔が曇っていたり、自宅の駐車場に高級車があったりという、普段とは違う様子が見えてくる。

怪訝に思うことがあれば、奥さんにそれとなく話をふってみてもいいだろう。打ち明けてくれるはずだ。

こうした情報が入るのも、少人数でゆっくり酒を進めながら、話ができるからこそだ。大勢の宴会をいくら開いても同じ効果は得られない。

迷いや不安は、小さなうちに取り除いておくのが肝要だ。炉辺談話にて、小さな不満などを吐き出していくと、不思議と「明日から頑張ろう」なんて思えてくることもあるだろう。

私が会長時代は、全国規模で開催できた炉辺談話だが、いまではお膝元の信越だけになってしまった。

「仕事さえこなしていればいい」

そういう寂しい考え方をする人が増えてきたように思う。

仲睦まじい夫妻

つい先日のことである。

ある局長が深夜になっても自宅に帰ってこないというのだ。急ぎ捜索願を出すと、翌朝、車の中で見つかった。彼は自殺するつもりであったらしい。原因は多額の借金である。なぜ借金がそこまで膨らんだのか、理由はわからない。しかし、彼がそれを一人で抱え込んでしまったところに、問題がある。

我々組織のたった一人でも、彼の様子を常々気にかけてあげていれば、最悪の事態は防げるはずだ。

皆さんの地区にて、炉辺談話の復活をつよく望んでいる。

雲仙普賢岳の噴火

日本は災害大国である。

災害の多くは、地震、火山の噴火に端を発したものとなる。

地震や火山の噴火は、海の下にあるプレートが動き、プレート同士が衝突することで生じる。

その衝突場所が日本の真下だというから、つくづく日本という国は、災害からは逃れられない運命にあるようだ。

災害発生時に、大切なものは何か。

人々の助け合いである。それは会長自らが率先して体現すべきである。

一九九一年(平成三年)長崎県の雲仙普賢岳(現・雲仙岳)が噴火した。じつに二百年ぶりだという。油断があったとは思えないが、死者四十名、建物被害は一七九棟にのぼった。

私は真っ先に現地へ向かった。特定局に被害がでていないかどうか、また特定局のお客様が被害に合われていないか、心配でしかたがなかった。

現地に到着した。雲仙は、実際に足を踏み入れると「なぜこの山が噴火したのか」と思うほど、あっけないほど普通の山であった。それでも火砕流の被害は甚大であり、深刻であった。

幸いなことに、私たち仲間の局は無事であった。

「会長自ら、わざわざのご訪問、ほんとうにありがとうございます」と喜びの笑みを見せてくれた彼らの顔には、災害に負けないという強い意志を読み取ることができた。

無事を確認しただけではない。会長たるもの、関係各所へお見舞いの挨拶回りがある。当然、被災地であるから通常の交通手段は確保されていない。歩いてまわったが、被災地の苦労を思えば、なんてことはなかった。

何か予想以上の事態に直面したとき、自分たちを精神的に支えてくれる存在がいると分かれば、今後を生き抜く大きな力となる。

だが、人の温もりだけでは復興は難しい。

お金があってこそ立ち上がることができるし、復興のスピードは速まる。

帰京後、全特にて「雲仙普賢岳大火砕流災害義援金」を集めることにした。全国の仲間から想像以上の金額が集まった。

北海道南西沖地震

災害は連鎖する傾向にある。

雲仙普賢岳の噴火から、たった二年後の一九九三年(平成五年)北海道南西沖地震が起こった。

気象庁は地震発生直後に、大津波警報を発令したが、間に合わなかった。発生から二～三分後には、すでに第一波が奥尻島に到着した。

波の破壊力は凄まじく、奥尻島にあった四局のうち一局が被害にあった。預金通帳から保険証書、現金を保管していた金庫まで、局舎ごと一切合切流されてしまったのだ。正確な高さはわからないが、一説によると津波は三〇メートル近くにまで達していたらしい。ただ、被害にあった一局は、地震発生が夜間だったこともあり、職員はいなかったのが幸いし、人的被害はなかった。

ただ、現地はというと、やはり高台以外は局同様、綺麗さっぱり流され何も残っていなかった。津波でまっさらになった土地に、『徳洋記念碑』だけがポツンと残っていた。これは明治時代、座礁した英国軍艦を島民や他国軍艦が協力して救助にあたったことを記念し、有栖川宮威仁親王が建立したものであった。

じつは、地震発生の二日後には、現地に赴くことができた。これは異例のスピード対応であった。北海道の離島という場所柄をよく考えてみてほしい。

また、一般人であれば、災害の二日後に、現地への立ち入りは絶対に許可されない。だが、政府が緊急の災害対策を出し、首相や政府の幹部が出向くとなれば、早急に受け入れ態勢が敷かれるのは想像に難くない。

じつは、それに近いことが起こるのが、全特という組織である。会特の会長が動くと決まる。すると、北海道担当の理事が、瞬時に地元地方会へ受け入れ態勢の準備を促す。

と同時に、郵政省や国会議員を通じて、政府のほうへも全特の会長が行くという連絡が入る。会長の現場へのアクセスが、あらゆる経路、あらゆる手段を用いてシミュレーションされ、安全な交通手段が確保されるのだ。そのスピードたるや信じられないほど早い。

緊急時における連絡網の整備と、ときに政府にまで働きかけるという組織がひとつになった強さがなければ、こうしたことは実現しない。私の現地入りは、特別に手配されたセスナ機によってなされたのだ。

これにより現地の慰問は可能になった。組織の力のなせる技である。

ちなみに、私は飛行機が大の苦手である。いまに至るまで変わらない。ジャンボジェット機でさえ、安心して乗ることができない。

セスナなどもってのほかだ。いったん滑走路を離れれば、みしみしと機体がきしむ音が聞こえてくる。恐怖以外の何物でもない。ただ、被害に遭われた局の皆さんのことを思えば、そういった泣き言は言っておられない。

正義のためなら我ゆかん。会長を務めた当時は、どこまでも行ってやろうという気概があった。

阪神淡路大震災

二度あることは三度ある。

会長在任期間の最終年のことだ。

一九九五年(平成七年)一月、阪神淡路大震災が起こった。

あの悲惨な光景は今でも目に焼き付いている。

震度7の揺れが、大都市を襲ったという、世紀の大地震である。

奥尻島と同じく、私の現地入りは、異例のスピードで行われた。周囲の努力があり、震災の三日後に現地に赴くことができたのだ。特定局のほとんどは、一般車が通行禁止になっているエリアにあったが、特別に許可がおりたのだ。

私は、車をつかって、一軒一軒、訪問しようという算段であった。

だが、そこで、信じられないことが起きた。

会長就任当時、あれだけ私に反対した近畿地区の方々が、全員、一カ所に所に集まり、会長である私の訪問を待っていてくれたのだ。

彼らは全員、無傷というわけにはいかなかった。

財産や家族をなくしたものは多い。

だが、そのような悲しみとは別に、自分たちの組織のトップが、災害直後に現地入りしてくれるということを、ことのほか喜んでくれたのだろう。

私は彼ら一人ひとり、全員と握手を交わした。

彼らの手は、温かかった。

これこそが、人のぬくもりである。

手から手へ、手紙は届けられる。そこには我々、郵便局で働く者の温かい思いが添えられている。この手のぬくもりを守れずして、何の郵便局であろうか、私はひとつの決断をした。この先、どんな辛いことがあっても、彼らを守ってやろう、復興には全特という組織の力を、血の一滴までしぼりだして応援する、と。

東京の本部に帰ってからが、我々の支援の、本番がはじまった。

復興は号令だけでは進まない。

先述したように、局舎の再建築は、本省との間でさまざま手続きが必要になると同時に、自分たち自らの資金で建てなければならないため、新しく郵便局を作り直そうとなると、ゆっくりやっていれば、一年も二年も先のことになってしまう。そうなれば、その地域の利用者さんは、手紙一枚を送ることはおろか、預金を引き出すことすらできない。ただでさえ不便なところに、大きな迷惑をかけることになる。

このとき私は本省に何度も出向いた「何を差し置いてでも、災害時の復旧を優先してやってほしい」と命令に近い、依頼である。普段は、腰の重い役人が、このときばかりは特例措置として、よく動いてくれた。

不可能を可能にする組織、それこそ国家権力に負けずとも劣らない力を持った全特という組織の強みなのかもしれない。

世の変わり目を歩む者の特権

会長在任期間中に、三度もの大災害の対応を迫られた。

そういう会長というのは、私をおいて、未来永劫でることはないだろう。

生まれたときから「時代の変わり目」を歩かされている私である。

以下は、そんな私ゆえの、忘れがたいエピソードの一つである。


私が全特会長になったのは平成元年である。

昭和天皇が突然崩御され、のちに首相となる小渕恵三氏が、元号が平成に変わることを伝えた、時代の変わり目であった。

平成天皇が即位した一九九〇年（平成二年）のことである。

最高の皇室儀礼とされる『天皇即位饗宴の儀』が開かれた。饗宴の儀とは披露宴のことである。

全国から計三千人の賓客が招かれる。会場は皇居、春秋の間が使われた。

当日、黒塗りの高級車をチャーターして皇居へ向かった。

数万人規模の警備体制がしかれていたが、私を乗せた車が、皇居正門へ入り、二重橋を通過して進んで行っても、警官から制止をされることはなかった。大っぴらには言えないが、これはかなり「爽快」と言える体験であった。

そのまま車は奥へ進み、春秋の間の近くに横付けして、侍従の案内で部屋に入る。

春秋の間には、京都御所で開かれる「即位の礼」で使用した、高御座《たかみくら》がしつらえであった。その豪華さと優美さに、思わず目を奪われてしまう。

饗宴の儀がはじまった。食事、飲みものは、見た目はまったくの普通のもの、ただ素材は普通ではない。すべて宮内庁御用達の逸品であり、調理は大膳課厨房でほどこされ出されたものだ。食器を吟味する暇はなかったが、おそらく人間国宝クラスの職人がつくった芸術品に近いものであることぐらいは検討がついた。

同じ空間に、皇族が並び、その傍で鯛をつつく。

なんと特異な光景であろう。

元号が平成に

もし私が昭和から平成へ変わるタイミングで、全特会長でなかったとすれば、こんな特別な体験をすることはできなかっただろう。政府に対してある程度影響力のある全特とはいえ、饗宴の儀に招かれたのは会長ただ一人だけ。後にも先にも全特からこの儀に参加した者は私しかいない。

どれだけ名誉なことか、そこには言葉では言い表せられない喜びがある。

秋の園遊会にて

前段で、饗宴の儀について、さらりとふれた。

天皇陛下ならびに皇族の方々との謁見とはいえ、随分と淡泊な書き方をしたと思う。それには理由がある。

じつは、皇族の方々とお目見えするのは、初めてではない。

一九八三年(昭和五十八年)十一月、秋の園遊会に夫婦で招かれたことがあったのだ。

突然のことだった。ある日、一通の手紙が届いた。

勲章の受章、奥様と挨拶

けっして豪華な飾り気は施されていないが、見事な菊花紋章の箔押しがほどこされた招待状であった。この招待状は、誰にでも届くものではない。当時、信越地方の会長をしていたから、その功績や立場が評価されたのかもしれない。

園遊会の主催者は、天皇皇后両陛下である。日本の文化、学術、芸術、スポーツ、経済、行政など各界の発展に貢献した功労者を慰労するために、数あるリストのなかから選ばれた人物が招かれる。

会場は赤坂御苑の庭である。

一般公開はされていないから、こういう機会でないと、入ることすら叶わない特別な場所だ。

時間になり、天皇皇后両陛下が現れた。

総理大臣に先導され、決められた方々とお言葉を交わしていく。

あいにく、列の一番前ではなかったので、お言葉を交わすことは叶わなかったが、ほんの一メートル先で、天皇皇后両陛下とお目見えすることが許された。この感激はひとしおであった。

その後、さまざま楽器の演奏があったり、ビュッフェスタイルで食事ができるスペースがあったので、そこでくつろいだ。

堅苦しい雰囲気はどこにもなく、妻と共に、その雰囲気を楽しんだ。私はとくに緊張することはなかったが、妻は喜びながらも、いつになく緊張した面持ちをみせていた。

全特会長3期6年の長期政権の胸像

全特会長を終えて

こうして、全特会長時代を振り返ってみると、感慨深いものがある。

八代目会長職に就いていた間は、特段、重荷だと感じていなかったが、辞めてはじめて、この肩に乗っていたものが、どれだけ大きなものであるかを実感した。

歴代の会長は長くて二期四年であり、それが暗黙のうちに伝統として守られていた。

それが私の代になり、さらりと覆した。会長を務めたのは三期六年、平成元年四月から平成七年三月までの異例の長期政権であった。

だが、私が全特会長の在任当時から、政界を取り巻く空気が変わり始めていたことに気がついていた者は少ない。

このとき既に、郵政界、いや日本中を揺るがす暗雲がすぐそこまで迫っていたからだ。

第四章　郵政民営化と政治家

郵政民営化に立ち向かう

日本を覆いつくした暗雲、その正体とは何か。

郵政民営化である。

一九九二年(平成四年)に小泉純一郎氏が郵政大臣に就任し、ここから全ての風向きが変わってしまった。

「郵政事業に税金を年五～六億円も使っている」

彼が就任早々、言い放った言葉がこれだ。そしてもうひと言、

「民営化すれば、郵政に関わる二十五万人の職員の人件費がかからなくなる」

私は呆れてものが言えなくなった。そんな所以はどこにもないのだ。不勉強にもほどがある。

平成十三年になると、その流れは決定的なものとなった。

彼は本気だった。勝負に出たのが解散総選挙である。

ここから、「小泉劇場」と言われる一連の政治手法が功を奏し、同年九月十一日郵政民営化を決める選挙で華麗に勝利、二十一日には第八十九代内閣総理大臣に就任した。

彼はまるで舞台役者のようだった。大都会の街頭演説などでは、たったのワンフレーズで聴衆を釘付けにした。そうして嘘八百の主張を見事通し、国民を騙し勝利を飾ったのであるから、たいしたものである。

アメリカに乗せられた男

なぜ、小泉純一郎という男は、このような妄言を吐いたのか。

その理由は簡単だ。二〇〇一年を皮切りに、アメリカから日本へ送られてきた年次改革要望書を読むとよく理解できる。

これは、日本とアメリカが両国の発展のために改善が必要と考えられる問題点を互いに指摘し、交換しあいましょうという目的の文書である。

だが、その主旨とは裏腹に、現実にはアメリカ側から日本への一方的な要求に他ならなかった。

アメリカはわかりやすい国だ。彼らの要求は、相手国のことを思ってのことではない。煎じ詰めれば自国の利益のみを最優先とし、交渉をしてくる。

「アメリカは保険の国」とよく言われるが、まさしくその観点で日本は狙われた。民営化すると外資系保険会社の参入余地が生まれ、そこでアメリカ企業が儲けるという算段であったのだ。

当時、彼の言葉の裏に隠された真実を見抜いていたのは私を含め僅かな人間のみ。だがそれでもしかたがなかった。加えて恐ろしいのが、知らなければ彼のまことしやかな物言いに「小泉氏に賛成した方がいい」そう思わされてしまうところだ。

しかし、結果として騙された国民はどうなるのか。郵便事業の未来はどうなるのか。それを今、この本を手に取っている皆さん自身が一番よく知っているはずだ。

なお、この年次改革要望書は、民主党政権に変わると、あまりに日本に不利益だとして廃止されている。

妄言の正体

「郵政事業に税金を年五～六億円も使っている」

ここには当然、小泉氏が言うところの、二十五万人の人件費も、含まれていることだろう。

だが、人件費に関わらず郵政省、つまり現業宮庁として事業をしている我々が、税金を使うはずはない。

郵政省は現業官庁であった。

現業官庁とは、公共事業や現業等の事業役務を行う官庁である。気象庁・水産庁・海上保安庁・林野庁かつての印刷局・造幣局などがそうだ。そして郵政省では郵便・貯金・保険この三つの事業を行っている。

先述したように、これらの事業で集められたお金は、郵政省で管理するのではなく、すべて大蔵省(現・財務省)の預金部に送られるシステムになっていた。そして大蔵省は、そのお金をさまざまなかたちで補助金として、政府のために使っていた。

まずは、国債の購入資金、そして財政投融資の原資だ。財政投融資はいわゆる公共投資、社会的なインフラ・ストラクチャー投資のことである。また、政府系の金融機関や道路公団などの特殊法人への融資、地方債といったように、国家、国民に還元されていたのだ。

人件費は国民の税金ではない!

さて、ここまでの話で、どこで国民の税金が使われていただろうか。

皆さんに思い出してほしい、郵便局の成り立ちというものを。前島密翁の政策を。国に代わって建てた局舎、経営は独立採算制で公共的精神と使命感によって成り立っている。郵便局が稼いだものは地域の信頼の上にある、ということを。その稼ぎが全て大蔵省の預金部へ送られ、その中から取扱高に応じて、稼ぎが返ってくる。その中から局長は雇い人に給与を払い、残りを運営や局舎の維持、自らの給与にあてている。

さてさて、どこに税金から人件費が支払われているのだろうか。

当時、郵政民営化は、国鉄の民営化と同列扱いされた。

かつて国鉄がにっちもさっちも行かなくなったとき、赤字は特別会計に上げられた。そして預金部から毎年、約二千億円のお金が支払われていた。

我々郵便局はまったく逆である。

日本銀行からお金を借り入れたりしなくとも、郵政省は何千億円というお金を集め、上納を続けているのだ。

普通の国民は、こうした事実を知らないから、小泉の〝税金泥棒〟という口車にやすやすと乗ってしまったというわけだ。

当然、小泉氏がこの事実を語るわけがない。

もっとも、彼にもロジックがある。郵政事業へのさまざまな補助金について、「これらは国の政策に関わる補助金であるのに、金利が付けられていない、金利負担を大蔵省が担うということは税金を使っているのと同じだ」というように論をねじ曲げてきたのだ。

これを「こじつけ」と呼ばずして何といえばいいのだろうか。

方向性が定まらない日本郵政

民営化からはや十年以上が過ぎた。それなのに今、国は揺れている。

小泉純一郎氏の掲げた民営化は未だ、実現できていないのだ。

形の上では、郵便事業は日本郵政株式会社が取りまとめている。しかし、内側を覗いてみると、日本郵政の株、厳密に言えばかんぽ生命、ゆうちょ銀行の二社の株式は民営化のために一〇〇パーセント売却されるどころか、まだまだ国が保持しつづけているではないか。

民営化するというのなら、はやく株式を上場させて、一切合切市場に出してしまえばいい。ところがそれをどうやらためらっているようなのだ。

小泉がつくった郵政民営化法案では「二〇一七年までに金融二社の株式を売り切る」となっていたはず。

それが今なお売却されないのはなぜか。それはもし本当に貯金・保険を一〇〇パーセント売却してしまえば、会社には郵便事業しか残らない。そして郵便事業は皆様もご存知のとおり採算が取れる仕事ではない。

そして、今になって特定郵便局が長年取り組んできた、地域と密着して、連携した郵便局のあり方がなければ、事業が上手にまわらないことがわかってきた。こんな単純なことが小泉政権時代にはわからなかったのだ。

ちなみに、今となっては、充分にアメリカの保険市場は日本に流入し、アメリカにとっても魅力が薄らいでしまった。

こういった背景があってか、郵政民営化法案では今、株の売却は〝努力目標〟として実質的に棚上げされてしまった。

いま、郵政事業の歴史、意義を何も知らない人間が、外部からきて役員に就任している。銀行や保険会社からの引き抜きが主だが、彼らが行ってきた方法で、地域と根深い関係を築いてきた郵便事業を進めても上手く舵を取れるわけがない。

よく引き合いにだされるのが、コンビニエンスストアという業態だ。

郵便局はコンビニのようになればいいと言う。

コンビニと郵便局が決定的にちがうところ。それはどんな過疎地域であれ、店舗の廃止は許されないということだ。

コンビニの本社は店舗の経営に責任を持たず、特定郵便局制度のように、経営は店側に任せている。経営が上手くいかなければ潰れて行くだけのことで、本社は何の痛手も被らない。特定局制度の特徴であった、地域の利便を図りつつ、経営面から見ても堅実な経営を目指すのとはほど遠い。

あくまでも利潤を追求する組織なのである。

彼らにまったく良心がないとはいわない。しかし、根本が違うのである。

アメリカの郵便事業は民営化していない

民営化について、小泉純一郎氏はアメリカの要求をそのまま飲んだ。

だが、当の本人であるアメリカは、郵便事業を民営化していない。

そしてその理由についても、私はよく知っている。論より証拠で、現地視察をしたことがあるからだ。

郵政民営化が論議される以前の一九八七年(昭和六十一年)のことだ。私はアメリカにいた。郵政省が企画してくれた事業視察で太平洋を渡った。ロスアンゼルスへ降り立ち、主に西海岸のあたりを見て回った。

研修は十日間ほど、全国から二十～二十五名ちかく局の幹部の人間が集まった。特定局だけでなく地方局からも人が出て、日本生産性本部も随行してさまざまな解説を加えてくれた。

現地では、郵便だけでなく銀行、保険事業の様子も視察した。私が行ったときには、当時アメリカでナンバー2の銀行が潰れそうだと聞き、見学へ行った。

ここは、農業振興のために農家に融資することで成長した銀行であったが、いったん農業全体の成長が止まると経営が一気に傾いたのだ。

いっぽう、アメリカの郵便局はのんびりとしながらも、確実な経営を目指していた。というのも、アメリカでは、配送は宅配業者の仕事であった。民間の宅配会社が荷物を一局集中させ、そこから全土へ飛行機で配分するシステムができあがっていたのだ。

一週間かかってもいい荷物は郵便局へ、それ以上急ぐものは宅配、というように適切な使い分けがなされていた。

そのゆったりしたペースでもアメリカでは民営化の必要がなかった。赤字が出ていなかったのだ。

現在は赤字気味で問題もちらほらでているが、それでも民営化をするつもりはないようだ。それは、郵便事業は元々儲からないことをよくわかってのことだ。

日本でも、ヤマト運輸が参入を真剣に検討したが、最終的には利益が出ないと断ったことが全国ニュースとして流れた。

郵便局は、はがき一枚でも配達しなくてはいけない。六十二円で北海道から沖縄までを毎日だ。この事業が黒字になるわけなどない。国が責任をもって臨まねばならないのだ。それを慌てて民営化してしまった。この選択の傷は深い。

全特の政治力　郵政省民営化反対の裏側

一連の民営化騒動があったとき、国会議員の全員が、民営化に賛成だったわけではない。自民党員でありながら、郵政解散はおかしいと異を唱えてくれた人が三十五人、国会議員にいる。なかでも有名なのが、野田聖子氏、綿貫民輔氏、亀井静香氏である。彼らは信念ある政治家だ。その後、民営化反対の核となってくれたのは、当時の民主党議員、小沢一郎氏、岡田克也氏、そして国民新党だ。彼らは「郵政民営化見直し法案」を進めてくれたのだ。

自民党の〝集票マシーン〟と揶揄された我々も、さすがに袂を分かったかたちとなった。

全特は全方位を見る組織

さて、読者の皆様のなかには「自民党から他の政党に簡単に鞍替えできるのか」そう疑問に思われる方もいるだろう。

局長会は「全方位外交」を心がけている。

困ったときに、どこの党にも頼みに行けるという保険をかけることが、組織の生き残りには不可欠なのだ。これまでは単に、我々を応援してくれていたのが、自民党であったというだけのことだ。

私は郵政民営化騒動が起こる前から、こういった組織のあり方を周囲に説いてきた。

「我々は自民党だけで生きているのではない。何がどう転んでも必要なルートは確保しておけ」

ロスチャイルド家は、ヨーロッパの各国が戦争になったとき、どちらが勝ってもいいように、双方の国に対して援助することで、何百年の間生き残ってきた。日本でも戦国時代の武将が、兄と弟に別れ、違う陣営につくなど、至極当然のサバイバル戦術であった。これは組織の生き残り戦略の基本である。

こうした関係構築があったからこそ、NTTとドコモの関係のように、子会社のかたちを作ってくれと運動し、今日本郵政株式会社の下に、郵便・保険・貯金、三つの子会社をつけるかたちに持ってくることができた。我々にとってベストのかたちではなかったが最悪は免れた、といったところだろう。

なにより、長くお世話になってきた地域住民の皆様に、「保険と貯金はなくなりました。できません」なんてことは言えるはずもない。

しかし、このような頼みを、小泉氏の政権下の自民党は、誰も聞く耳をもたない。それゆえ公明党に頼み、なんとか現在のかたちに持ち込んだ。

バブル期の中小企業では、取引先が大手一社だけに偏り、バブル崩壊後その大手から取引を切られすぐに倒産というところが相次いだ。

油断していると、我々全特もこういう運命をたどってしまう。

多方面外交こそが、組織の生き延びる道なのである。

この考えは全国に浸透している。たとえば普段、東北地区の局長会は小沢一郎氏率いる新進党を応援していたが、組織で動くとなれば、適宜必要な党を皆で応援していた。

自民党以外の先生であろうが、有能だと思えばお付き合いをしたし、講演会があると出席し、パーティー券を買ってくれ、と頼まれればできるだけ応じていた。

まさかのときに備え、つねにアンテナを張っていたのだ。

竹下登氏への表敬訪問

新しく就任した内閣総理大臣には、表敬訪問を行う。

全特会長としての、習わしの一つだ。

私が初めて挨拶した総理大臣は、竹下登氏だ。

総理大臣に限らず、要人への挨拶時に、必ずしていることがある。

先方と友好な関係を築くために、その人物の好みや趣味を事前に調べておき、その話題を用いて親しい雰囲気作りをするのである。

竹下氏のときには、彼の実家も酒屋だという情報を仕入れることができた。

竹下登氏

「竹下さんが総理になったから、うちの売れない酒が売れるようになったよ」

と冗談をいうと、彼は急に前のめりになり身を乗り出し、

「日本酒の蔵元は、大変ですね」

と話が弾んだのだ。

総理大臣に対して、僭越ではあるが、彼は個人的に好きなタイプの人間だ。偉ぶらないし、気難しくない。気を遣わずに話せる。

総理への表敬訪問の際の手順について、説明しておこう。

旧総理官邸では、総理へ面会に来た人は待合室で待機することになる。

順番がくれば秘書が呼びに来る。

普通は閣議室に通される。

旧官邸の二階にある部屋の中央には、大きな楕円形のテーブルがしつらえてある。立派な部屋ではないが、親しく話をするのには、ちょうどいいぐらいの大きさであった。

重要案件については、執務室に通された。聞かれちゃまずい話はそこでするというわけだ。誰とどこで会うかは、事務局が適宜判断しているようだ。

総理官邸をでると、ひとつのお約束事がある。

官邸付きの記者連中に囲まれるのだ。

彼らはいつ、誰が、どんな用件でくるのか、だいたい検討をつけている。それが不明な訪問となると「今日は何用でお見えですか」とかなりしつこく付きまとってくる。

私の場合、往々にして、挨拶に行っただけであるから「表敬訪問で来ました」とひと言告げて、さっと通り過ぎてしまう。

宇野宗佑氏

宇野宗佑総理大臣が誕生したとき、ご多分に漏れず、挨拶に行った。

彼とは、表敬訪問の後、もう一度、総理官邸に呼ばれた経験がある。

二度も呼ばれるのは珍しいので、訪問前にさんざん思案した。

当日の待合室でも「いったい何事だろうか」と考えを巡らせていたら、ついに私の順番がきた。

秘書に促され入った部屋は、いつもの部屋ではなかった。

ご想像の通り、そこは執務室であった。

挨拶を交わし、せわしなく本題に入る。

「もうすぐ解散になるから選挙を頼む」

たしかに、これは重要案件であった。その帰りの出口で、例のごとく待ち構えていた記者たちに捕まった。どうやら私が二回目の訪問だと分かり、ただ事ではないと張っていたようだった。

宇野宗佑氏

「表敬訪問はすでに終わってますよね。今回の訪問の目的は何ですか」

本当のことを言えるわけもなく押し黙る私に、記者は車に乗り込むまで、執拗に付きまとった。でも、逃げただけでは、彼らを煙に巻いたことにはならない。あとあと迫らせないためにも、質問にどう切り返すかが、腕の見せどころでもある。イチかバチか策に出ることにした。

「いや、私はまた新しく全特会長に就任したから、改めて総理に挨拶に来たんだよ」

慌てるそぶりなくそう返すと、目端の利く記者連中もそれ以上、噛み付きようがなかったようだ。

「表敬訪問に来た」という以外の理由をつければ、根掘り葉掘り聞かれて大変な目にあっただろう。咄嗟の機転が思わず効いた格好となった。

田中角栄氏

新潟が生んだ戦後最大の大物政治家は誰か。

田中角栄先生である。先生は私より八歳年上であったが、全特会長になる以前から同郷のよしみで、大変親しくさせて貰っていた。

選挙時には、外部と彼との窓口を任されており、月に数回以上、事務所を訪れていた。有名な早坂茂三氏をはじめ歴代の秘書とも顔見知の仲だ。

この経験が、後に活きたのかもしれない。彼の事務所は、連日、百人以上の人間が列を作っていた。だが、私は彼の直系の人物である藤本氏に連れられるかたちで事務所を訪れていたので、会うのに苦労はなかった。

ちなみに、藤本氏は郵便局長で、中越南の局長会会長を務めていた。それも、田中角栄氏から直接使命を受けて、局長になった珍しい経歴の持ち主である。

田中角栄氏

田中角栄先生については、多くの人がさまざまなことを書き残しているので、改めて私が語るまでもない。しかし、先生の非凡さを紹介するエピソードは事欠かない。

小学校しか卒業していない先生が、どこでどう勉強したのかわからないが、とにかく秀才であった。

また字が非常に力強く美しい。

あるとき、私が田中角栄先生と親しいと知った後援者から「ぜひ先生のサインが欲しい」とせがまれ、それがなんと十五枚になったことがある。

先生に会う機会を待ち頼んだ。

「わかった」

と言われたので拍子抜けした。二～三週間ほど待てばいいのかと思っていたら、やおら硯と筆を持ち出したかと思うと、十五枚全部一気に書き上げられた。

あっという間の出来事であった。

応接室の、隣の部屋では秘書が、必要なものを全部用意しており、そこへ行って、陳情の合間にさっと仕上げてしまうのだ。

もうひとつ驚かされたことがある。

「雄魂」「不動心」「明朗闊達」などサインに添えられた書の一言一言が、全部違うではないか。あのような天才的な芸当は、到底真似できるものではない。

これまでさまざま政治家に会って来たが、あれほど頭の回転が速いのは先生くらいのものである。話し方一つにしても、陳情者と会ってものの一分とたたない間に、話に引き込んでしまう。陳情の内容を忘れて帰ってしまう人もいるほどだ。

話がうまいだけではない。

彼は日本のあるべき姿や、未来の経済論を語ってくれることが多かったのだが、いまになって予想がほぼ的中していることに気がついた。

なんと、ほとんどが現実になっているのだ。

あの有名なロッキード事件が起きた直後の選挙には、彼から直接、私と藤本氏に「選挙を頼む」とおっしゃった。

私が先生からモノを頼まれたのは、これが最初で最後かもしれない。それも一人の秘書も付けず、人払いをしてまで。

このときの選挙は、ロッキード事件で懲役四年の一審判決を受け、たった三カ月の準備期間のあと臨んだ、いわゆるロッキード選挙である。

自民党は大敗したが、当の先生は旧新潟三区にて、過去最高の得票数となり、無事トップ当選を果たした。

先生は、郵政大臣の出身の総理大臣である。特定郵便局の大切さを心から理解してくれていたように思う。我々特定郵便局は、公務員だったので、表だって支援はできないが、ご夫人方が中心となって、田中先生の再選に一肌脱いでくれた。

小渕恵三氏

田中角栄氏の考え方を受け継いだ政治家は多い。

小渕恵三氏もその一人である。

私は、彼が若いときから応援していた。

彼はもともと逓信委員で、郵政事業のことについては何かと気遣い、力を入れて我々を応援してくれていた。初めて彼を見たとき「若いのが来たな」程度にしか思っていなかったが、いやはや、たいした人物だった。

小渕恵三氏と全特役員

一九七〇年(昭和四十五年)彼が郵政政務次官に就いたとき、郵政省の役人などからさまざまなことを頼まれ、彼の元へ足繁く訪れた。自分たちが直接行けばいいのに、自信がないのだろうか。

小渕という人は、じつに不思議な人であった。

こちらのお願いが理解できると「分かった」とすんなり官邸に話を通してくれるのである。きっと私の話でありながら、誰から頼まれたのかなど、裏の裏まで見抜いていたと思う。

あまりに簡単に通ってしまうので、その役人から「大事な話をすぐに済ませてはダメだ。もう一回行ってこい」などと勝手なことを言われた。「いくらなんでも二度も同じことはできない」と言って、役人とはよく喧嘩になった。

郵政省の役人からすれば「田中に頼めば通せないことはない」ぐらいの考えであったのだろう。事実そうであったし、私としても、郵政省に恩を売っておいて損はないから、彼らのご期待には、できるかぎり誠意をもって応えていたつもりだ。

マル優、限度額闘争

そんな私でも、政府との交渉で苦労した経験がある。

それは、高齢者の預金に対する税金の免除、通称「マル優」と呼ばれる少額貯蓄非課税制度である。

もともと元本三百万円までは税金が免除されていた。しかし、長年金額の引き上げがなかったことから、郵政省としては額を少し増額したいと「郵貯マル優」の名で新年度の事業計画に持ち上げたのだ。

ところが、これが思わぬ抵抗にあった。民間の金融機関から大反対にあったのだ。当初百万円の引き上げ予定であったが、最終的には五十万円で折り合いをつけざるを得なかった。

郵政民営化により、最終的にマル優は廃止されたが、現在も他民間金融機関同様、障碍者の方などに向け三百五十万円の限度額で、なんとか非課税の枠を実現している。

この改正はとかく郵政省の功績だと思われがちだが、その実、私をはじめ全特会員が総力を結集し、あらゆる伝手をたどって、各方面の政治家やキーマンにお願いに回り、はじめて可能になった案件だ。

マル優限度額の交渉と似た案件が、もう一件ある。

郵便局の預入限度額は長く一千万円であった。それが二〇一六年四月、一千三百万円に引き上げられた。このとき、郵便局に向けられた声の多くは「引き上げは民業圧迫に繋がる」であった。

郵便局は既に民営化しているにも関わらず「民業を圧迫する」とは甚だおかしな話である。

このような歪な事態を招いたのもまた、小泉改革の後遺症であろう。

いいことは民営化の成功、悪くなるとまだまだ国営化だからと揶揄される。

結局、民営化をしようがしまいが、我々が新しい試みをすれば「反対」の言葉が上がるということだ。

私の全特会長退任以降、民営化が進み、全特の組織力が弱まったと言われる。もし、私が小泉改革のとき会長を続けていたら、郵政民営化のあり方は少しは変わっていたかもしれない、と言われてきた。

いまの中途半端な状態で、我々全特が、どこまで戦っていけるのか、疑問でならない。

第五章　地域への貢献

北陸新幹線の開業を見届ける

全特会長を退いた直後のこと、すこしは息つく暇が欲しかったのが本音であるが、周りが放っておいてくれない。

平成九年十一月、前任者の任期途中退任を受け、上越商工会議所の会頭となる。そこから実に七期十九年間、平成二十八年十月三十一日までこの団体をリーダーとして引っ張ることになった。

会頭就任当初、会員数は約二千五百名程度であった。二万人弱の全国組織を束ねていた私にとって大人数だとは思わなかったが、地方ならではの複雑な問題が山積みしており、それら一つひとつのプロジェクトには、今まで以上に真剣に取り組まざるを得なかった。

商工会議所は、地区内の企業を成長させ、地域経済を活性化させることを目的としている。その実現のため、県や市などの自治体との交渉事が、多く存在する。

最初の大仕事、それは、北陸新幹線の開業である。

上越に北陸新幹線が通れば、東西ＪＲの接点となる。すると、車掌たちの業務交替には上越妙高駅がいいのか、それとも別の駅にするのか、など細かい点にまで熟考を重ねなくてはならない。

そもそも上越妙高駅の名前を決めるのが大変であった。

ひとつの案を出すと、反対意見が必ず出る。また、名前自体が利用者にとって親しみやすいものであると同時に、観光客などを呼び込む地域活性化に貢献しなくてはならない。

「本来、ＪＲの仕事ではないのか」

と思うことが度々あったが、彼らだけで決めると地元から反発がでることはよく知っていて「それなら最初から、地元で相談して決めてくれ」となり、商工会議所などに丸投げされ、現実にはこういった仕事は地元経済界の仕事となってしまう。

では、ＪＲにすべての決定権があるのかと言えばそうではない。

北陸新幹線新車試乗会

新幹線延長は税金が投入される国策事業でもあるので、政府機関との交渉事が大切になる。

つまりは、私の仕事は、上部機構と掛け合い、駅の建設工事などの際、入札業者の中に、地元の業者を入れるような要望を通すことであった。

新潟の地元の人間は、東京の政治家や役人にパイプをもっている人は少なく、ゆっくり休ませて欲しいのにも関わらず、どうしても私のところにお鉢が回ってきてしまうのである。

平成二十七年、金沢まで北陸新幹線が延伸したのを無事、見送って間もなく、会頭を退任させてもらうことができた。

上越火力発電所の新設工事

会頭時代に、もう一つの大仕事をやってのけた。

上越火力発電所の新設工事である。

直江津港はすべて新潟県の管轄にあったのだが、その一角を埋め立てて中部電力を誘致することになったのだ。実際に発電を開始するまで十年以上かかった一大プロジェクトである。

電気というものは、発電所から距離が離れるほど、ロスがでる。

だが、直江津港に発電所を誘致すれば、距離は劇的に近くなる。

ちなみにこのとき、帝国石油(現・インテックス)も発電所の隣にガスの供給基地をつくることになった。おかげで直江津港は一挙にエネルギーの供給拠点となった。

会頭である私に、地元経済界が期待した働きは、北陸新幹線と同じである。

地元にお金を落とすこと——この一点につきた。

火力発電所利用開始

まず埋め立て用に、多くの土砂がいる。

これには県の厳密な検査に合格した「谷浜産」を使ってもらった。ほかにも、建設、運搬をはじめさまざまな仕事を地元企業に担当してもらうため、電力会社から企業への発注は、必ず商工会議所を通し、組織内の会員企業で組んだ業界別の部会が仕事を受注できるよう、お願いした。値段競争だけに勝った県外の業者に工事をまかせても、意味がない。

地元の仕事は、地元の企業に担当させるという、ごく当たり前のことをしただけだ。

これにより、最盛期は常時三千～三千五百人の雇用が発生した。

そこには、彼らの毎日の食事をする弁当屋から始まり、あらゆる生活需要が発生する。そのすべてを地元で賄えるものは地元でやる。いま流行の、地産地消の考えである。結果、多くの地元業者が工事の恩恵を受け、潤ったと思う。

繰り返しになるが、私は七期十九年、会頭職を務めたことになる。

これは全国的に見ても例のないようだ。普通は三～四期で会頭の座を降りるよう強いられる。それが私の時には、新幹線、電気、ガスという生活の基礎たるインフラすべてを整える大プロジェクトばかりが相次いだため、途中で組織のリーダーをすげかえると、引き継ぎなどで、もたついてしまう。

それを避けるため、周りから請われ、やっただけのことだ。

そういう事情がわからないと「いつまでも会頭にしがみつく」と老害のようにとらえる人がいる。困ったものだ。

論語に「人知らずしていきどおらず、亦君子ならずや」という言葉がある。

自分がいかに立派な仕事をして、その功績を他人が知ってくれなくてもよしとするのが、君子であるということだ。

ただ、見るべき人はしっかりと見てくれている。

平成二十九年(二〇一七年)十一月二十日、地方自治法の施行七十周年の式典で総務大臣から、地方自治に功労があったとして有楽町の国際フォーラムで、表彰を受けた。

天皇皇后両陛下、安倍晋三首相、自治体関係者を含める約三千五百人が御祝いにかけつけてくださった。努力が報われたようで、感慨一入《ひとしお》であった。

母の死と田中酒造

全特から、商工会議所など、話が大きくなりすぎた。

話を地元へ戻す。第一に、田中酒造である。

私が谷浜郵便局の局長に就いた後、身分が公務員となってしまったため、実質的に社長をしていたのは、長年母であった。

父亡きあと、母は、古株の従業員たちと一緒に一九五五年(昭和三十年)には株式会社へ、会社を発展させてくれ、能鷹を全国レベルで通用する看板商品に育てあげてくれた。

女手ひとつで会社を切り盛りしてきたのは、ほんとうに大変だったと思う。

苦労のかけっぱなしで、親孝行のひとつもできていなかった。不肖の息子とはほかでもない。私のためにあるような言葉だ。母が会社を守ってくれていたおかげで、私は安心して全国的な活躍ができたのだと感謝している。

「お母さん、もう充分だよ。あとは僕に任せたらいい」

全特会長を退いた翌年の平成八年、そう言って、会社を受け継いだものの、間もなく母は他界した。

東菱一物産と頸城自動車

第二に、東菱物産である。

この会社の始まりは昭和に遡る。もともと直江津にはサトウ商店という石炭屋があった。しかし、あえなく倒産してしまい、代わりに経営の一部を私に頼みたいと声がかかったため作った会社だ。

当初の社名は田中石油であった。ここは三菱石油の特約店であったガソリンスタンドで、今は新日本石油と統合してエネオスのブランドを使っている。特約店にしては小さな店舗であったが、計八つほどあった店舗を減らしながらも経営を守ってきた。こちらも全特会長を退いたのち、社長を受け継ぐことにした。

第三に、頚城自動車株式会社である。頚城自動車は大正二年創立という歴史ある会社である。新潟県には新潟交通、越後交通、頚城自動車、という三大バス会社があり、そのなかの一つとして県民には広く認知されている。バスの他にも、タクシー、旅行をメインに交通系のさまざまな事業を展開している。外部役員になるかたちで携わることになった。

東菱物産（株）ガソリンスタンド

直江津ロータリークラブ

一九七一年（昭和四十六年）三十歳のとき、直江津ロータリークラブ（RC）にチャーターメンバーとして入会した。

直江津は海の町である。浜育ちの荒っぽいメンバーばかりだった。荒っぽいとは言葉が過ぎた。申し訳ない。

とにかく皆、竹を割ったような性格で、スパッとものを言う人物が多く集まっていた。そんな雰囲気が性に合った。気兼ね

頸城自動車（株）の事業展開

なくいられる場所の一つとなった。

本来、ロータリークラブは地域のために何ができるかを考え、学生支援や清掃など多彩なボランティアで貢献する社会奉仕団体である。さまざまな行事を企画、運営していくわけで、特定郵便局とはまた違うが、労働争議などに難儀するなか、それらの一つひとつが新鮮で、やりがいがあった。

入会して十年経ち、周りに請われ会長となった。

結局、通例一年で会長任期を終えるところを、次期会長の具合が悪いという理由で、二年間、会長を務めることになった。ここでも前例のない選任となった。私はつくづく、例外が適用されてしまう人間らしい。

上越商工会議所の総務委員会委員長

一九七三年（昭和四十八年）、上越商工会議所の総務委員会委員長を務めることになった。

ここには、郵便局長としての役職ではなく、田中酒造の代理人として、顔をだしていた。

なぜなら、私は郵便局の仕事では公務員になるため、田中酒造の役員にはなれない。だが、同じく家に暮らし、手伝いはしたし、母は社長業でいそがしく商売一本で通していたから、外部団体などの付き合いは、私が代理人として、出席せざるをえなかったのだ。

上越商工会議所では、直江津と高田の合併が決まったとき、新たに会議所を建設する運びとなった。

私は、その建設委員長もまかされた。

合併ともなれば会議所の場所は市役所の傍がいいだろうという方針はすんなり決まった。だがそうなると、一等地に土地を購入しなければならない。

その土地には、何人もの地権者がおり、一生懸命に交渉しても、なかなか首を縦に振ってくれない。苦労の末、売却そのものには同意してくれたが、今度は価格面で折り合いがつかない。

商工会議所の行事で挨拶

粘り強く交渉した結果、当初からの予算には多少オーバーしたものの、土地取得には無事成功した。

土地の次は、上物の建設である。建設に先立って、他地区の商工会議所を何カ所か下見に行って驚いた。

どこの地区でも、地元以外の業者に仕事を任せていたのだ。

これを知って、頭が痛くなった。

地元の経済を活性化させる工事に、価格だけで、外部の業者を入れるのは間違いである。たとえ、多少の値段の違いがあっても、地元の業者なら、その業者に支払った金額から、資材代、職人代、飲食費など支払い分も地元に還元されるだろう。

そういった波及効果を考慮にいれれば、地元の業者をつかうメリットは、非常に大きいのだ。他地区の視察は、反面教師として非常に役に立った。

最終的には、地元の建設業者の落札が叶った。その業者は大いに喜んでくれ、建築も予想以上にスムーズに進行した。たった二年ほどで、立派なビルが完成した。

この一連の交渉で、不動産の知識が増えた。

全特会長となったとき、その知識が大いにいかされた。

家庭裁判所調停員

私の公職は、ビジネス系のものだけではない。

一九七五年(昭和五十年)には家庭裁判所の調停員に選ばれた。

当時、高田支部に裁判所があったのだが、その調停員の数に空きがでた。誰か引き受けてくれる人がいないかとなり、私に声がかかったというわけだ。

法律の知識がないので、さすがに即答はできなかった。

だが「講習を受ければ問題ない。調停員には社会的な一般常識のほうが大切になるから、やっぱり田中さんが適任なんだ」と推薦され、多少不安な点はあったが、それなら、ということで引き受けた。

引き受けたまではよかった。

だが、悪い予感は的中した。

とにかく、めんどうなのだ。

担当した調停の多くは離婚調停だった。双方の過激な言い分を聞くことには骨が折れた。夫婦それぞれに、主張がある。それぞれ間違ったことを言っているわけではないのだが、お互いを納得させて、折り合いを見つけなければならなかった。

調停員をさせてもらい、ひとつだけ誇れることがある。

まったく裁判に進まず、すべて調停で解決したのだ。

たまたま巡り合わせが良かっただけかもしれない。

また、世の中と、人間の心の機微について視野が広がったよい経験であった。

教育委員会委員長

一九七六年(昭和五十一年)に、教育委員会の委員長になった。

これもまた、高度な調整力が必要とされる仕事であった。

とくに「学校統合と通学区域」の問題で難儀した。

A校の児童数が増え、市がもうひとつのB校を作った。そこまではよかったのだが、新設したB校に、A校の児童の一部を移管しようとしたため「B校に移りたくない」という人が続出、大混乱に陥ってしまっていたのだ。

日中は郵便局の通常業務があったため、教育委員会の仕事は、毎日、夕方以降になって事務屋の人と一緒に、地元との話し合いに出かけた。

同行してもらっていた事務屋の人は、「法律的な知識」と「あるべき論」で住民を頭から抑えようとした。こういう人物は話し合いには向かない。

そこで「あんた方はしゃべらんでいいよ。その代わり、私が指示したらその部分だけ説明してください。後はまかせてください」と伝え、私がリーダーシップをとることに変更した。

事務屋はプンとふくれて、それっきりモノを言わなくなった。やれるものならやってみろ、お手並み拝見といったところだろうか。

たとえ住民側に非があることであっても、最初から頭ごなしに説得しようとしてはいけない。交渉事には要諦がある。労働争議と同じく、最初はひたすら、聞く姿勢に徹するのだ。

ひたすら聞いていると、どこに不安を感じているかがわかるようになる。

すると、対案の提案が可能となる。

「通学路が不安なのですね。道路を改修して歩道を広げ、子どもが安全に通学できるよう市と交渉します」

「B校の勉強のカリキュラムに不安があるのですね。市から助成金を出してもらうように計らいます。育成等に使ってください」

このように、さまざま条件を出して、なんとかまとめあげた。

私があっさりと納得させてしまったので、事務屋は呆気にとられていたが、あとで揉めないよう、議事録をつけてもらうのを忘れなかった。

さて、ここからが本番である。

下村博文氏（右から二人目）、当時文部科学大臣

通学路の整備には、市役所の建設部門に根回しが必要だ。また、予算取りで議会へ出席したりと、頭をまわすべき場所はたくさんあった。こういったことに段取りよく対応できる人間でなければ、教育委員長は務まらないだろう。

ほかにも同様の学校併合問題で、三〜四件、解決に導いた。

教育委員長には、都合八年間、奉職させていただいた。

交渉事はみな同じである。

正義だ、何だと騒いでいても、本当はお金が欲しかったりする。

だから「要求している者が本当にもとめているものは何か」そこをさまざまな視点から見定め対処していくのだ。

その視点を得るには、何にでも挑戦して、多面的なものの見方、考え方を学ぶのがよい。それが遠回りに見えて、一番の近道である。

一番よくないのは「責任を取って辞任します」「新任に引き継ぎます」という責任回避の方法だ。辞職や担当者変更は、物事の本質に切り込まない限り、何の意味もない。

私は、とにかく中途半端なことが嫌いだ。

何事も徹底的にやる。怖いものなど何もない。これまでさんざん修羅の道を通ってきたのだから。

第六章　コラム　田中弘邦という男

ここまでの多数の紙面を使い、事実に的を絞り、振り返ってきた。それらのなかで、私の性格についてある程度、理解してもらえたのではないかと思う。

郵便局の仕事と公職などを中心に紹介してきたので、田中は仕事人間だというように誤解する人が多いと思う。

だが、その認識は間違いだ。私と長年付き合ってくれる友人の多くは、よく遊び、よく学び、付き合えば付き合うほど深みのある人だと言ってくれる。

そこで、本書の最終章として、私の本来のパーソナリティの部分をご紹介しておきたい。

趣味は麻雀

一番の趣味は、麻雀だ。

私の徹底主義は、趣味の場でも変わらない。

やるときは徹底して、やりこむ。

メンバーは、地元の気心知れた友人たちだ。平日、休日は関係ない。夜な夜な会場を移り、飲みものと軽食をもって、メンバーの家に乗り込んでいく。泊まりながら、徹夜で麻雀に勤しんだ。のめり込んだ末の真剣勝負となると、食事や休憩も一切とらなかった。

局長会の仲間とも、たびたび打った。

彼らとの麻雀で思い出深いものがある。

それは、組合員と徹夜の労働闘争をし、それが終わった明け方からやる麻雀だ。

不思議なもので、眠気はどこへやらに吹き飛んでしまう。組合員との交渉で、仲間の局長はみな殺気だっており、そのまま勝負事をすると、みんな普段以上に熱く燃えてしまうからだろう。徹夜明けでも、シャンと目が覚めて、気持ちもイキイキとしてくるのだった。

つくづく人間とは不思議な生き物だと思う。

自分でいうのは気が引けるが、麻雀は強いほうだ。

というより、勝負事は、基本的に強い。

仕事であれ、趣味であれ、のるかそるか、そういう大一番ほど燃える性格のようだ。

タバコの効能

「無人島に、好きなものをひとつだけ持っていけ」と言われれば迷わずタバコを選ぶ。

タバコを吸うと、どんなに頭に血がのぼっていても、すぐに気持ちが落ち着く。頭がさえわたり、直感が働くようになる。会議や交渉の場においても、失言とは無縁になるからだ。

頭に来て喧嘩をしたら、それで終わり。

だが、そんな場面は多かれ少なかれ誰しも必ず訪れる。そんなときは〝のらりくらり〟が大切だ。人とハサミは使いよう、人とタバコも使いよう、なのである。

ところで、私のタバコ好きは、周囲ではよく知られている。

いまは多くの飲食店で、禁煙になってしまった。

だが、禁煙になってしまった料理屋に行っても、個室などであれば、女将がさっと灰皿を用意してくれる。

タバコがないと、私がいらつくのをよく知っているのだろう。

ゴルフは好きだが、練習嫌い

授業を真面目に聞いているそぶりがないのに、先生が抜き打ちテストをやっても、満点を取ってしまう――自分でいうのは気が引けるが、私はどちらかと言えば、そういうタイプだ。

私は練習が苦手だ。

仕事で忙しい合間を縫って、せっかくの趣味の時間を思う存分楽しみたいのに、練習に時間を使いたくない。イライラする。

何事もぶっつけ本番派とでも言おうか、特にゴルフにおいては、そうであった。とくに凝っているわけでも、取り立てて上手なわけでもないが、とにかくストレス解消して、リフレッシュすることが目的であるから、練習をしてイライラすると、その目的と本末転倒してしまうことになる。

また、私は「何かに溺れる」状態は作りたくない。本業にまっすぐ真摯であるためには横道にそれてはいけないのだ。仲間のなかには、ゴルフに熱中するあまり、業務時間

ゴルフ大会　郵便局長OB会

中に仕事を抜け出して、打ちっ放しにいくような人がいる。

それではリーダー失格だ。こういったことを避けるためにも、私は練習をしないと決めている。

麻雀同様、私のゴルフ好きは、仲間内では有名だ。

そこで、周りの人間が、私と一緒に打つ機会をたびたび用意してくれた。北海道や沖縄のゴルフ場はおおかた打ち尽くした。

政治との関わりも多かったゆえ、とくに全特会長時代はよく政治家と打ちに行った。

ゴルフには苦い思い出が一つある。

それは、あんパンだ。

いつものように仲間とゴルフに出たある日、私は昼食用にとあんパンを持参して食べた。ところがだ、昼からのラウンドで、クラブを打つ手が次第にかゆくなってきた。そのかゆみはみるみる広がって、気が付けば全身、蕁麻疹まみれになってしまった。

かかりつけ医によると、あんパンの表面に光沢を出すために塗る油にアレルギー反応を起こしたようだ。それ以降、あんパンを食べるときには、必ず上の部分だけを剥がしていただくようにしている。

健康長寿の秘訣

おかげさまで今年で九十二歳となった。

適度に酒を飲むし、タバコも吸う。

自分で車の運転をして、ドライブを楽しんでいる。

「田中さんはどうしてそんなに健康なのですか」とよく聞かれるので、この場を借りて、私の健康法を紹介しておきたい。

食へのこだわりで言えば、肉が好きだ。

肉は何よりのエネルギー源になる。

肉を食べるな、野菜を食べろという人がいるが、それは半分正解で、半分間違っている。

野生のライオンやトラは、肉しか食べない。

だが、いたって健康で、ちゃんと天寿を全うしている。

では、肉が大好物の私が、何で栄養補給をしているのか。

それは朝食である。

朝食には、原始長命食というのをいただいている。長命食は戦時中に開発され、黒豆、黒ごま、玄米、昆布を粉末にしてミックスしたものだ。これで基本的な栄養素は大方確保できる。

長命食は、薬ではない。だから副作用がなく安心して続けられている。

私の場合、大さじ三杯の長命食に、蜂蜜と牛乳を入れて完成だ。その後、ミカンやリンゴなど果物を食べる。この朝食を続けて、はや三十年になるだろうか。この朝食量では、食べ足りないと思うことがあるが、健康にはそれぐらいがちょうどいい。体重の管理もしなくてすむ。

ウォーキングなど散歩のための特別な時間はとっていないが、日中の活動で十分足りている。用事をこなすだけで万歩計が一万歩を軽く越えてしまっている。

このあたりが健康長寿の秘訣なのかもしれない。

苦手なものは魚と飛行機

前項では、肉が好きだと書いた。

反対に苦手なものは、案外多い。

魚はダメだ。生の刺身は、全くダメ。寿司屋に行っても鮮魚がネタの寿司は食べられない。食べられるのは、焼いたイワシやサンマだけだ。

鳥肉もどんな食べ方であろうと一切受け付けない。

こう考えると、私には苦手なものがさまざまある。

飛行機に限らず、高い所がとにかくダメだ。高所恐怖症に近いのだろう。

友人宅の新築祝いに招かれ、餅まきをしてくれと頼まれでも、勘弁してくれと何度も断りを入れてきた。

だが、とうとう能鷹の倉庫を建てたときに、断り切れず、ついに覚悟を決め、大工を傍に二人もつけて餅をまいた。

初めての海外旅行は台湾、香港を回った。

当時は日本人がちょうど海外へ出始めた頃で、今のように全自動コンピュータ制御による飛行機などなく、徹底して安全が守られているわけではなかった。飛行機事故のニュースもよく耳にした。まさか船で回るわけにはいかず、招待を受けての旅行だったため、飛行機でいかざるをえなかった。

私は不安のあまり操縦席に出向いていった。

操縦士に「すみません。飛行機が心配なのです」と正直に打ち明けた。

すると、親切なことに、副操縦士がいろいろな計器を指し示しながら、詳しく説明してくれた。当時は、テロなどなかったため、客席と操縦席の間は遮断されていなかったのだ。この副操縦士のおかげで、いくぶんか安心して、初の海外旅行を成功させることができた。

ただ、今でも長距離フライトは耐えられず、怖くておちおち寝てもいられない。

しかし最近は幾分落ち着いてきた。年に一回は海外に行けるようになった。仲の良い友人十人での欧州巡りをしたりして、楽しんでいる。個人的には人の行かないような国、たとえばチェコなどはお気に入りである。

高い山は登れない

高い山も苦手である。

一千メートル以下の山なら多少、登れなくもないが、それ以上は登ったことがない。足が動かなくなる。

上越には五智国分寺という寺がある。その寺は消失と再建を繰り返してきた。平成九年の再建の際、私は再建委員長を任されていたので、嫌々、安国山に上ることになった。

そんな私を気遣ってくれた人がいたのだろう。急遽、補助の足場などが用意され、なんとか人の手を借りず登れたのは幸いであった。

苦手ならば初めから引き受けなければいい、という声もあるだろう。

だが、何度も言うように、私は基本的に、頼まれ事は引き受ける主義である。仲人であっても、就職のお世話であっても、頼まれれば何でも引き受ける。

無私大道——自分をなくして、ものを考えるようにしている。

できることをしてあげて、人が喜ぶ顔がみたい。それだけのことだ。

頼まれ事には、人間性が表れる。

頼むときにはわからない。頼み事を聞いてあげた後にそれが表れる。

たとえば、私が就職の世話をしてあげて、合格しても、礼に来る人と来ない人がいるのだ。

それでも私は恩着せがましいことを相手に言うのは嫌いだから、失礼だぞとは絶対に言わないし、さまざまな人間の一面を見ること自体をおもしろく楽しんでいるのだ。

お寺の役員に推薦される
人徳の致すところ

夜型人間

そんな私でもつい、態度が悪くなってしまうときがある。

朝だ。朝にはめっぽう弱い。

これは幼少の頃から変わらない。夜は非常に活発であるのに対し、朝はさっぱりだ。就寝も早くて深夜零時、仕事がなくても習慣のようなもので、いつまでも起きている。

夜の食事を済ませ、風呂に入ると、自分の時間ができる。

そこで、ゆっくりとくつろぎながら、考え事や大事な判断をくだしたりすることに時間を使う。

ただ、夜で困るのは、静かすぎることだ。

静かすぎるのが苦手で、書きものをするときにもすこしテレビの音を出したりするようにしている。

そんな生活リズムゆえの朝の弱さもあるだろうが、今さら改めようというものでもなく私を知る者は決して朝は連絡をよこさない。たとえ電話に出ても、機嫌が悪いからだ。

尊敬する人物①　前島密

私が尊敬する人物は、前島密翁である。

彼には見栄や欲といったものが一切ない。

あるのは「縁の下の力持ちになれ」という信念のみ。

彼の素晴らしいところは、郵便の父と呼ばれているだけではない。

欧米に追いつく新体制を作るため、陸運、海運、教育まで幅広い分野の改革を手がけた。彼のサポートがなければ今の日本はないと言っても過言ではない。それでも、公・侯・伯・子・男と呼ばれる爵位のなかで、一番低い階級にいたのである。

彼が我々に残してくれたものは、信念だけではない。業務面においても、各郵便局長が仕事をしやすい工夫をしてくれた。

その最たるが「渡切費《わたしきりひ》」である。これは特定郵便局の必要経費を事前に支給し、事後明細なしに支出計上できる制度である。

渡切費は水道光熱費などを差し引いたあと、交際費などにも使用できる。局長はもともと地元の名士であるから地域との関りが深い。郵便局長として、行事や会合、さまざま場所に招待をうける。特定郵便局の生命線は、地域とのつながりである。招かれたからといって、手ぶらではいけない。常識の範囲内の手土産をもっていかざるをえない。

一回限りは少額であっても、積もり積もれば大きな金額となる。多くの局長にとって渡切費は非常に助かっているのだ。

1円切手の前島密翁

こういった背景を、前島密翁は特定郵便局制度を作った当初から考慮していたのだ。驚くほど頭が切れる人物である。その先見性に思わず舌を巻く。不安定な局の経営を守る仕組みを最初から作り上げてくれていたのだ。

民営化の際、渡切費がやり玉に上げられたことがあった。批判する人たちの多くはサラリーマンである。たしかに彼らには渡切費はない。だが、給与所得控除がある。

簡単に言うと、サラリーマンの必要経費を自動計算してくれている仕組みだ。たとえば、年収八百万円であれば二百万円近くを衣服費、交際費、資格取得費として認められている。これも一種の渡切費である。批判はまったくのお門違いであると付け加えておく。

尊敬する人物② 上杉謙信

前島密翁より遡ること三百年。

上越に、同様の精神を持ち合わせた戦国武将がいた。

上杉謙信公である。

彼は異色の戦国武将である。他の大名は、欲に駆られ自身の勢力を増やして行こうという戦争ばかりをした。

だが、彼は自分から仕掛けた戦争というのは一切ない。もっていたのは「義の心」だ。その心は部下にも反映される。彼の懐刀、直江兼続も同様、殺戮ばかりが重んじられた時代に「愛」という文字を兜にしつらえていた。

謙信公は、その生涯にして一度たりとも自分の領地をふやすための戦いはしなかった。それよりも、敵方であった武田

上杉謙信の肖像画

信玄に塩をおくったエピソードのほうが有名で、これが慣用句として後世にまで使われている。

謙信公は、ただひたすら上越を発展させる。農業の振興、新しい産業の開発、直江津での貿易など成功させ、一万人以上もの人々が住まう巨大な城下町を作り上げた。

謙信公には、思い出深いエピソードがある。

上越には、彼の遺徳をたたえ、昭和から一度も絶えることなく続いてきた「謙信公祭」がある。二〇一六年でのことである。私は協賛会の会長をしているのだが「今年は会長に謙信公役を務めて欲しい」というのだ。

謙信公祭で役になりきって

出陣行列は傍から見るにはおもしろいイベントである。だが、自分がやるとなると話は別だ。

何十キロもの鎧をまとい、八月の熱い時期に馬にまたがり、ほうぼうを練り歩く。体力がもつだろうか。

不安に思ったのは、むしろ周囲の人間であった。さまざまな方が「やめておいたほうが……」と心配してくれた。

それでも引き受けたのは、若い頃、馬に乗った経験があったからだ。

戦時中、現高田高校のすぐ傍には、高田駐屯地があり、たくさんの馬が飼育されていた。馬の世話をするうちに、興味を持ち、東京へ出てからも馬事公苑などへたびたび出かけていたのだ。

それゆえ、技術面では問題がなかったが、周囲の予感は別なところで的中した。機嫌の悪い馬、にあたってしまったのだ。

それでも、馬を落ち着かせるため、少し腰を浮かせて乗る、という高等テクニックも駆使した。私の後ろに三人プロの馬乗りが付いてくれたことも幸いし、一時間の行軍をなんとか乗り切った。

なお、私の前年の同役は、二〇〇七年放送の『風林火山』で謙信を演じたのＧＡＣＫＴ氏であった。

山歩き

田中家は代々、山を数座(座は山の単位)、所有してきた。

そのため、幼少時から、山にはよく出入りしていた。

山といえば、上越周辺の森林組合が合併して、頸城森林組合になった際にも役員を引き受けた縁もある。

山の中には数カ所、小作をしている人々のための、小屋があった。夏になればそこでバーベキューをしたり、ドラム缶のお風呂に入ったり、ランプと星明かりだけで一夜を過ごしたりした。いまでいうアウトドアライフの先駆けである。

東京に出てからは、その習慣はなくなったが、山をそのまま放置しておいては、安全面で問題が生じる。

そこで、一年に一度、五月の連休に、山全体を一周歩いて回るようにしている。

この山歩きで面白かった出来事がある。北陸自動車道の計画時、道路の一部分が、私の所有する山にかかったのである。

売らねばならないので、土地の広さが正確に測量しなおされた。すると山の広さが何倍にも拡大してしまった。いわゆる「縄伸び」である。明治時代の曖昧な計測と、現代の正確な測量との誤差である。

せっかくであるから、その際に登記簿を付け直すこととなり、いつもよりも詳しく歩いて見ようと思い立った。

すると意外なものが見つかった。

砦である。おそらく謙信公の時代のものだ。

その砦をすべて巡って驚いた。どの場所からも、本拠地春日山城が肉眼でとらえられるのである。

昔の人は、山に出城をつくってそこで狼煙を上げて敵の襲来、突撃の開始、などの情報交換をしたという。一説には、早馬はおろか、新幹線よりも早い速度で伝達できたらしい。

『男はつらいよ』に出演

日本映画史上に残る不朽の名作といえば『男はつらいよ』。

『男はつらいよ』の渥美清さんと

全四十八作のうち、四十七作目のロケが上越で行われた。

あるとき、ディレクターが、わが谷浜局を訪れた。ロケの挨拶に来た程度の認識であったが、話をよく聞いて驚いた。なんと、上越での撮影部分については、谷浜局を中心に行いたいという。

断る理由もないので、話はトントン拍子に進んだ。

ついには「リアリティがある」との理由で、端役ではあったが、局長としてそのまま映画デビューすることになってしまった。

だが、情報を聞きつけた局長仲間が「寅さんと田中さんの写真を撮りたい」と集まってしまった。迷惑をかけると思ったが、彼は笑顔で撮影に応じてくれた。

局長仲間は、何も知らないと思うが、私は撮影の合間で、たびたび横になって休む寅さんの具合を心配していた。どうも慢性的に体調が悪いようだった。

だが、ファンにはそういった素振りを一切見せず「憧れの映画スター」としての顔だけで、真摯に対応した。

昔の役者だけがもつ「本当のプロ根性」を垣間見た気がする。

さいごに

私はこれまでの長い人生、さまざまな組織のリーダーを歴任してきた。

まったく異分野であることが多かったので、周囲にいる人から、いきなりトップに就いて、なぜ専門家以上の活躍ができるのですか、とよく驚かれた。

何のことはない。専門知識など、多少勉強すれば、すぐ手に入る。それよりも、組織にとって大事なことがある。

同一認識、同一対処、同一行動での対応である。これを心がけていれば、組織がぶれることはない。

組織はひとつのものに向かって動いてこそ、最大限に力が発揮される。だから、トップに立つ者の役割は自ずと絞られる。皆をひとつのものに〝向かわせる〟こと。これに尽きる。

ただ「頑張れ」「何とかしろ」と励ますだけでは組織は動かない。

皆が理解できないような哲学的な難しい言葉を並べてもいけない。

人には遺伝子というものがある。

新潟に生まれ、地元で育った私のなかには、気がつかないうちに、偉大なる先人たち、前島密翁や上杉謙信公の考えが刷り込まれていたのだろう。

私は一貫して、その失われた魂を取り戻し、その精神によってトップが行うべき判断をくだし、正しい道を選択してきたような気がする。

民営化以降、全特は再び弱体化の道を歩み続けている。

これからの我々の未来は、いったいどうなっていくのだろうか。

その処方箋となることを願い、老体に鞭打ち、ここまでの長文を書いてきたつもりである。

そのヒントは、本書のなかに随所にしたためた。

優秀な後進諸君のなかから、文脈を正しく読み取り、それらを見つけることができる者が多数現れることを期待して、ペンをおくことにする。

田中弘邦　年表

寛永年間から醸造業を創始
明治五年　曾祖父、治太郎と郵便取扱所開設
大正十五年十一月生まれる
　教科書が変わった
旧制中学にて、戦時特例で五年から四年になったが、五年通えた
中学卒業の頃、兄が病死
麻布獣医専門学校へ
昭和二十二年　父直治が四十七歳で死去
昭和二十三年　二十一歳の若さで五代目局長に就任　一月
昭和二十三年　局長任周年齢が二十五歳に改正　十月
　農地解放
酒造米の確保
村の青年団長
直江津青年団副団長

谷浜観光協会長
昭和二十六年　上越特定郵便局長会理事に就任
昭和二十七年　直江津特定郵便局長業務推進連絡会幹事（ブロック最高責任者）
運動会を開く
昭和二十八年　全逓上越特定郵便局支部省側　交渉委員に任命
組合側と交渉（点検闘争、特定局官制化反対、電通合理化反対、簡保転貸債反対、自営局舎新設反対、ＩＬＯ87号条約批准闘争、スト権ストによる年賀拒否、春闘における賃金闘争）これらの真摯な対応に組合側から信頼を得て、何かと相談を受けることに
昭和三十一年　特定郵便局長業務推進連絡会規程改正の公達
直江津部会長の指名を受ける
昭和三十三年　全逓上越特定郵便局支部省側苦情処理委員
昭和三十四年　三十二歳の若さで労務理事に
昭和四十六年　ロータリークラブ会長
昭和四十八年　上越商工会議所総務委員会委員長
昭和五十年　新潟家庭裁判所、地方裁判所高田支部の調停員
昭和五十一年　上越市教育委員会委員長として通学区域紛争を解決
中学校の合併と新設

第二中学と保倉中学の合併問題での市議会本会議での答弁
昭和五十八年　信越地方特定郵便局長会会長に就任
第五十回逓信記念日に事業優績者として郵政大臣表彰受賞
十一月園遊会に招かれ天皇陛下に拝謁
昭和五十九年　くびき野森林組合組合長
昭和六十一年　アメリカの郵政事業視察
昭和六十二年　貯金営業推進功労者として表彰
平成元年　全特会長に就任
行動する全特をめざす、なぜなら連合体のようだったから統一性がなかった
副会長、理事の責任分担を明確にし、専門委員会の充実をはかる
全国地区特定局長会会長会議
全国理事部会会長代表者会議
全国女性局長代表者会議
全国ソフトボール大会などを開催
簡易保険郵便年金事業推進功労者として諸井賞受賞
ビル局舎プロジェクトチーム発足
平成二年　v90の結果、その八割以上をつなぎとめた

永年在職功労者表彰制度創設
特定郵便局長夫人会全国連合会結成
関根学園理事
天皇即位饗宴の儀に招かれる
平成三年　国際ボランティア貯金創設
特定郵便局の呼称発足五十周年記念フォーラム開催
雲仙普賢岳大火砕流災害義援金拠出
平成四年　特定郵便局制度総合研究所設置
沖縄地方会に自営局舎第一号完成
局舎政策プロジェクトチーム設置
特定郵便局活性化委員会設置
自民党税調で老人マル優五十万円引き上げ決定
小泉純一郎氏が郵政大臣に就任
平成五年　全特結成四十周年記念式典挙行
読本『特定郵便局長』作成
北海道南西沖地震災害義援金拠出
第一回新任地区会長会議開催

特定郵便局制度基盤強化対策基金創設
平成六年　今後の営業のありかたについて省と一定の整理
ＯＡ化対策小委員会設置
局舎基本プロジェクトチーム設置
局舎税制問題プロジェクトチーム設置
平成六年　六本木ビル運営対策特別委員会設置
阪神淡路大震災災害義援金拠出
「税務のしおり」作成
基本問題勉強会設置
部会長代表者会議開催
田中酒造株式会社　社長
東菱物産　社長
平成八年　前島賞受賞
平成九年　勲三等瑞宝章受章
上越商工会議所会頭
平成十一年　上越観光コンベンション協会　会長
平成十一年　エフエム上越株式会社　社長

平成十四年　頸城自動車株式会社　取締役
平成十四年　リフレ上越山里振興株式会社　社長
平成二十四年　谷浜観光協会会長

地域事業

上越市の郵とぴあ構想モデル都市の指定に尽くす
前島記念館の改装整備

性格的なところ

人の受け売りではなく自分の感覚で仕事をする
多くの人の意見を聞き、慎重に判断し、決めたことは実行する
酒におぼれない
物事のけじめをつけ曖昧にしない
金銭はきちっとする
問題はオープンにして意見をもとめる
うまいものは人に譲る
あんぱんでじんましんが出た

飛行機は嫌い
たばこはやめられない
朝に弱く、夜に強い
楽になるのは、簡単(局長をやめればよい)
特定局は自分達で掃除をしている
相談のときは、真実を語ってくれたら判断ができる
頼まれたことは引き受ける(仲人、就職の世話など)
団体交渉時は、黙っていてもしゃべりすぎてもいけない

座右の銘

人生とは運命に抗して戦うことである

趣味

麻雀、ゴルフ

解題　「無私大道」――田中弘邦自伝の復刻再刊にあたって

稲村公望

平成三十一年(二〇一九)四月二十七日午前十一時から、横須賀市芦名の浄楽寺で、「前島密翁没後百年を記念する墓前祭」が挙行された。主催は「日本文明の一大恩人前島密翁を称える会」で、元鎌倉材木座郵便局長の吉崎庄司氏(八十九歳、当時)が会長を務めていた。

会が発足した平成十一年の会員数は二十人に満たなかったが、ゆかりのある早稲田大学や、筑波大学の関係者も多数出席していた。郵政民営化が実行されると、一時期参列者が激減したが、会員が約六百人をこえる大組織となっていた。

その年は節目の年であるからか、これまで墓前祭に参加しなかった、民営化された郵政各社の銀行員上がりの経営陣も参加した。上越市長、横須賀市長などが挨拶して、民営化郵政の社長が挨拶したときには、小雨がいよいよ本降りとなり、式典が切り上げられた。条約改正に腐心して、自立自尊の日本を目指して近代郵便制度を創業した前島密翁が青天を霹靂にして、郵政民営化の惨状に対する涙雨を降らせたように思われたことだった。

近くのホテルで開催された懇親会の席上、「称える会」の設立に尽力した高原耕三氏（元総務審議官で現在は高野山の僧職にある）が、「先祖先人を無視して栄えた試しはない」「前島公は国力増進と庶民救済の為には逓信の一体化は当然としていた」と諫める挨拶をされたが、隔靴掻痒、あるいは、北海道の郵便局の局長室に掲げられていた前島密直筆の「清廉規志」の揮毫を民営化直後に廃棄せよと迫った拝金勢力にとっては「蛙の面に」の話でしかなかった。

没後百年の節目の墓前祭で、ひとつの重心を欠いていると感じたのは、平成元年四月から平成七年五月まで全国特定郵便局会の会長を務め、郵便局長をやめてから上越商工会議所会頭を一九九七年から二〇一六年まで十九年間務めた、田中弘邦氏の姿が見えなかったことだ。上越市の高田は、前島密の出生の地である。上越市長や越後高田の前島密を奉賛する方々を引率して、墓前祭の常連の参列者となっていた。

昨年の七月末に、「無私大道」と題する「自叙伝」を出版されていたから、筆者はその本を持参して署名をお願いする予定にしていたが、叶わなかった。

田中弘邦氏は、平成三十一年四月十一日、九十二歳で逝去された。

十二日付けの地元の新潟日報は、「『巨星落つ』と悼む声」と見出しを付けた訃報を配信した。地元で、北陸新幹線の開業や、観光コンベンションの振興の先頭に立ったことが評価されていること、地域の文化財保存や歴史の発信に熱心で、一昨年の「謙信公祭」では、九十歳ながら上杉謙信役をこなすという、生涯現役の人生だったことが紹介されていた。

お世辞にも、取っつきは好くない人物だった。ヘビースモーカーで、灰皿の吸い殻がたまらなければ、実質の話はまとまらない方だと見受けたが、当時は筆者もたばこ大好きであったから、紫煙が苦になることはなかった。厳しい言葉でも目は笑っていた。

高田昭義という、後に郵政省の官房長になった先輩がいて、信越郵政局長をしていた頃に、湯田中温泉に行く用事があり、そこで当時は信越地方だけの会長だった田中氏の尊顔を初めて拝した記憶が残る。高田先輩は、政治家の浜田幸一先生に同道してラスベガスでカジノに行ったと週刊誌に書かれるほどの剛毅な人だったから、田中弘邦氏と高田昭義氏とは、きっとウマがあったと思う。

余談だが高田氏は、橋本内閣の行政改革の激務、特に自治省と郵政省と総理府との三省庁の折衝に腐心して、官房長の時に癌になって早逝した。筆者に政治家になれと言っていたが、「余命幾ばくもないから、あの話はなかったことにする」とわざわざ那覇に言いに来る義理堅い人物で、カール・シュミットのことやドイツの独裁等の政治学徒としての話を職場で話題にできた教養人であった。

田中弘邦氏は、当時の新潟県中頸城郡谷浜村に、年号が昭和に改まる大正十五年に生まれた。自らを、「世の変わり目を歩く者」と規定しているが、兄の死があり、東京大空襲があり、なんと、獣医学部にはいり、戦争が終わって医学部に転部する。造り酒屋が家業で、もう一つの家業が郵便局であった。

明治五年に曾祖父の田中治太郎が長浜郵便局取り扱い役に任じられている。郵便取扱役とは、前島密が発議した準官吏の身分である。前島密は、三年間で全国に三千の郵便局を開設しているが、田中弘邦氏の曾祖父も、郵便局の開設に私財を投じたひとりだったのだ。田中弘邦氏は、前島が新潟県出身であり、医学の道も納めていると言うことで似ていることを大いに自負するところであった。

第二の家業を引き継ぐために医学を捨てて、谷浜郵便局長に就任したのは、弱冠二十一歳の時で昭和二十三年一月二十一日だった。自伝には、第二章に組合闘争、第三章に全特会長時代と郵便局長時代のことを詳細に記録しているが、全国特定郵便局町会の会長として組織力を強めるために実行した十一の活動が要約されている。

①トップの考えが、末端まで浸透する組織作り
②全国地区の特定局長会会長会議の開催
③全国理事部会会長代表者会議の開催
④全国女性局長代表者会議の開催
⑤全国ソフトボール大会の開催

⑥永年在職功労者表彰制度の創設
⑦沖縄地方会に自営局舎第一号の完成
⑧ビル局舎チームの発足
⑨六本木にそびえる全特六本木ビル
⑩特定郵便局婦人会連合会の結成
⑪炉辺談話の実施
である。

会長在任期間中に、雲仙普賢岳大噴火、北海道南西沖大地震、阪神淡路大震災の対応に迫られているが、「世の変わり目を歩む者」の特権として、平成二年の「天皇即位共演の儀」に参加する名誉も受けて、三期六年の八代目の全国特定郵便局会長を退いたのは、平成七年のことだ。

自伝第四章の「郵政民営化と政治家」は圧巻の記録で、「民営化からはや十年以上が過ぎた。それなのに今、国は揺れている。小泉純一郎氏の掲げた民営化はいまだ、実現できていないのだ。(中略)もし、本当に貯金・保険を一〇〇パーセント売却してしまえば、会社には郵便事業しか残らない。そして、郵便事業は皆様もご存じの通り、採算がとれるしごとではない。(中略)いま、郵政事業の歴史、異議を何も知らない人間が、外部からきて役員に就任している。銀行や保険会社からの引き抜きが主だが、彼らが行ってきた方法で、地域と根深い関係を築いてきた郵便事業を進めても上手く舵を取れるわけがない」「アメリカの郵便事業は民営化していない」と特筆して、「郵便局は、はがき一枚でも配達しなくてはいけない。(中略)この事業が黒字になるわけなどない。国が責任をもってのぞまなければならないのだ。それを慌てて民営化してしまった。この選択の傷は深い」と激白する。

田中弘邦氏は、不可能を可能にするのが組織で、大事なことは、同一認識、同一対処、同一行動を旨として、それこそ国家権力に負けずとも劣らない力を、組織ができあがると、組織強化を口酸っぱく説いた。「それまでの会長、副会長の中には、全特の活動をおざなりにし、保身の為の政治活動をする者が多かった」。会議中なのに堂々と抜け出し、郵政省の「偉いさん詣で」を繰り返していたとも指摘している。

田中弘邦氏は、実に参謀とでも言うべきスタッフに恵まれた人物である。

藤本利彦氏は、新潟が産んだ戦後最大の政治家田中角栄氏から勧められて、石地町の収入役から郵便局長に転身した人物であり、政界とのパイプ役を果たし、郵便局長をやめてからも、町会議員に立候補してトップ当選を果たすという異能の人物であった。

其部弘氏は、全国の特定郵便局長に向けて、読本「特定郵便局長」の編纂にあたった。平成五年六月に発刊されたが、冒頭に田中は、「今、歴史は世界的に大きな曲がり角にある。特定局制度もその影響を免れることはできない。特定局制度は、戦後の多くの困難をのりきて現在表面的には安定している感もあるが、内容的には多くの問題をかかえている。これらを解決し、二十一世紀にも発展しうる特定局制度であるためには、全国一万八千特定局著運同一認識、同一行動の団結力が求められる。(後略)」と書いている。特定郵便局長のバイブルとも言うべき、座右の書となった。

手塚明氏は、昭和二十三年東京逓信講習所高等部郵務科卒業の専門家で、特定郵便局制度の理論面から、田中弘邦を支えた。全特会長の選挙戦の立て役者でもあったあ。著書の「無私大道」の編集協力もしている。

木村一義氏は、昭和二十三年から佐渡の鷲崎郵便局長であった。早稲田大学の政経出身で、朝日新聞社記者の経歴があった。

堀豊次郎氏は、新発田の商業学校を出て、満鉄に勤務した異色の経歴を持ち、木村氏同様に昭和二十三年の戦後の混乱の中で郵便局長になり、全国組織の会長となった田中弘邦氏の同志、知恵袋として活躍した。

田中弘邦氏が「参謀に恵まれたと言うことは、下から上への真実の話を良く聴いて丁寧に回答したからだろう」「具体的な根拠を示して、わかりやすく説明した」とオリンパス工業社員から昭和六十二年に郵便局長に転身して、新潟県関川村の越後女川郵便局長に就任、平成二十二年に退任した大島文雄氏が筆者に証言している。大島氏は、田中氏を、いまも親しみを込めて「親父」と呼ぶ。田中角栄総理が、親父とよばれたことに通じる気配だ。

田中弘邦氏は、自伝の「あとがき」として遺言のような文章を結語として残している。

「（前略）新潟に生まれ、地元で育った私の中には、気がつかないうちに、偉大なる先人達、前島密や上杉謙信公の考えがすりこまれていたのだろう。私は、一貫して、その失われ得た精神を取り戻し、その精神によってトップが行うべき判断を下し、正しい道を選択してきたような気がする。民営化以降、全特は再び弱体化の道を歩み続けている。これからの我々の未来はどうなっていくのだろうか。その処方箋となることを願い、老体にむちうち、ここまでの長文を書いてきたつもりである。そのヒントは、本書のなかに随所にしたためた。優秀な後進諸君のなかから、文脈を正しく読み取り、それらを見つけることができる者が多数現れることを期待して、ペンを置くことをする」とある。

田中弘邦氏は、二〇〇四年に『国営ではなぜいけないのですか――公共サービスのあり方を問う』と題する単行本を出版して多くの読者を得た。残念ながら、今回の自伝ともいえる「無私大道」は、国際書籍番号のない非売の書籍となっている。

新自由主義による日本破壊が継続するなかで、田中弘邦氏の遺書たる「無私大道」が市中に大いに流通すべく、然るべき書肆から刊行されて江湖の読者を獲得し、郵便局関係者のみならず、日本の地域社会の再興に貢献するばかりか、新自由主義に反駁する一書となることを衷心から願うことだ。

日本郵便制度の父、日本通運の創業者、日本郵船の先駆者、前島密翁が没してから百年の節目の年に、地方の政治勢力であった全国特定郵便局長会のドン、田中弘邦氏が逝去したのは、決して偶然ではない。平成の時代に、郵政民営化で特定郵便局長の制度は廃止されたのだが、令和の代変わりがあって、特定郵便局の公の魂を入れ直して、復古維新を唱えて「人生を運命に抗して戦う」べく世の変わり目の好機が到来したことを告げているようだ。世界に成功した郵政民営化は見当たらない。郵政民営化をして改革になるなどという、拝金外資の走狗の「妄言」を安易に信じる訳にはいかない。

郵政民営化は、完全に失敗したことが、明らかになった。筆者は、田中弘邦氏の自伝が、国際書籍番号もつかない雑本として、放置されていることを残念に思っていたので、同志の大島文雄元郵便局長に相談して、市場に流通する本として、復刻再刊を期することにした。

令和五年五月下旬、上越市にある前島記念館に往訪して、館長の利根川文男氏の賛同をとりつけた。利根川氏は、自伝の校正作業に関わっていた人物である。利根川氏の計らいで、版権者である、田中弘邦氏の令嬢との連絡も出来て承諾を得た。自家版の発行者であた上越地区郵便局長会の現会長である本山司氏(浦川原郵便局長)にも面談して、市販と再刊の黙認を取り付けた。東京に戻り、東京神田神保町にある彩流社の河野和憲社長に相談したところ、即刻の快諾を得て出版が決まった。

再刊された本書は、郵政民営化という漆黒の暗闇に投げ込まれる一本の蝋燭でしかない。一燈一隅、万燈照國となればいい。郵政民営化が完全に失敗したことと、その再建策の秘訣が、田中弘邦氏の自伝には、列挙されていることを、賢明な国民は直ちに理解するだろう。政治が破壊した制度は政治で修復する以外に手立てはない。

座して死ぬのを待つ政治家ばかりではあるまい。日本のひとつのインフラの破滅を救い、日本を愛し自立自尊を追求する政治家が、与野党を問わず、きっと残っているはずだ。

全国二万四千の郵便局の局長と局員諸兄諸嬢の皆様、郵政民営化はようやく失敗と確定したのだ。レミングの群れになってはならない。

民営化に賛成した政治屋諸公は責任を取れ、郵政の経営形態は、民営化ではなく前島密以来の組織運営が正統だ、と北畠親房の如くに大音声をげる秋《とき》だ。

【著者】田中弘邦（たなか・ひろくに）
1926 年新潟県谷浜村生まれ。生家は蔵元・田中酒造。麻布獣医専門学校卒業。父の急死のため 21 歳で谷浜郵便局局長となる。同年、谷浜観光協会会長。1983 年信越地方特定郵便局長会会長。1989 年全国特定郵便局長会会長。1996 年田中酒造社長。東菱物産社長。1997 年前島密賞受賞。1998 年上越商工会議所会頭。2020 年 4 月 11 日死去（享年 92）。

Sairyusha

郵政民営化《ゆうせいみんえいか》に抗《こう》した男《おとこ》
自伝「無私大道」

二〇二三年八月十五日　初版第一刷

著者――田中弘邦
発行者――河野和憲
発行所――株式会社 彩流社
〒101-0051
東京都千代田区神田神保町3-10大行ビル6階
電話：03-3234-5931
ファックス：03-3234-5932
E-mail：sairyusha@sairyusha.co.jp

印刷――明和印刷（株）
製本――（株）村上製本所
装丁――中山銀士＋金子暁仁

ISBN978-4-7791-2919-3 C0095

https://www.sairyusha.co.jp

諏訪神社 七つの謎
978-4-7791-2152-4 C0021(15・08)

古代史の扉を開く　　皆神山　すさ 著

諏訪神社の総本社である諏訪大社は古くから謎の多い神社である。縄文遺跡に囲まれ、精霊信仰を取り込んだ独自のミシャグチ信仰や狩猟の神、軍神、風の神という多様な貌を持つ諏訪明神……。それらを検証しながら諏訪信仰の本質に迫る。　四六判並製　2,500 円＋税

諏訪神社 謎の古代史
978-4-88202-339-5 C0021(95・05)

隠された神々の源流　　清川　理一郎 著

諏訪大社で行なわれる御柱祭、ミサクチ神の祭祀である御頭祭が語っているものは？　文化の波状理論とＫＪ法を駆使し、インド・ネパール、西アジア、南ロシア、古代オリエント等、世界史的視野から謎の神々の驚くべき素顔を解き明す。四六判並製　1,845 円＋税

諏訪神社 謎の古代史
978-4-88202-339-5 C0021(95・05)

隠された神々の源流　　清川　理一郎 著

諏訪大社で行なわれる御柱祭、ミサクチ神の祭祀である御頭祭が語っているものは？　文化の波状理論とＫＪ法を駆使し、インド・ネパール、西アジア、南ロシア、古代オリエント等、世界史的視野から謎の神々の驚くべき素顔を解き明す。四六判並製　1,845 円＋税

天照大神は夫余神なり
978-4-7791-1764-0 C0021 (12・02)

神の妻となった女性たちの古代史　　皆神山　すさ 著

神に仕えた女性たち（大物主の妻・倭迹迹日百襲姫、豊鍬入姫、倭姫、宮簀姫、神功皇后）、とくに天照大神の御杖となって各地を巡幸した豊鍬入姫と倭姫の足跡を追跡し、古代伝承に遺る物語の深層を探り続けて導き出された“歴史ロマン紀行”。　四六判並製　1,900 円＋税

邪馬台国と狗奴国と鉄
978-4-7791-1855-5 C0021(10・02)

菊池　秀夫 著

弥生末期の鉄の分布を通して邪馬台国論争に迫る！　森浩一氏（同志社大学名誉教授）推薦。目次／第１部 新たなる論争の幕開け　第２部 弥生時代を見直す　第３部 狗奴国の原像　第４部　大和王権のふるさと　弥生鉄器出土遺跡一覧付。　四六判並製　1,900 円＋税

海の古代史
978-4-7791-2484-6 C0021(18・05)

幻の古代交易者を追って　　布施　克彦 著

古代日本列島における人と物の移動の姿！ 文化・文明の伝播。黒曜石や土器、貝殻のアクセサリーなどの産地と遠く離れた出土地。銅器や鉄器の朝鮮半島からの輸入の担い手は⁉ 古代交易者の姿を追って、南九州、奄美諸島、沖縄、先島諸島、韓国南部へ……。　四六判並製　1,800 円＋税

馬子の墓

978-4-88202-703-4 C0021(01・03)

誰が石舞台古墳を暴いたのか　　林　順治　著

天皇家の隠されたルーツを明らかにする話題作。日本人単一民族説を根底から覆しアイヌ系蝦夷の存在を明るみに出した石渡信一郎の驚くべき発見を辿り、新旧二つの朝鮮渡来集団による日本古代王朝成立の史実を明らかにする新歴史紀行。　四六判上製　3,800 円＋税

隅田八幡鏡

978-4-7791-1427-4 C0021(09・04)

日本国家の起源をもとめて　　林　順治　著

謎の文字「日十（ソカ）」大王に始まる国宝「人物画像鏡銘文」の 48 字に秘められた驚くべき日本古代史の全貌！銘文はどのように解読されたか？　邪馬台国はどこか？　万世一系天皇の神話とは？　誰が石舞台古墳を暴いたか？　四六判上製　3,800 円＋税

古代 七つの金石文

978-4-7791-1936-1 C0021(13. 09)

日本古代成立の正体を知る　　林　順治　著

偶然に見つかって奇跡的に出土した七つの金石文。そのメッセージの読み方で古代史像は大きく変わる。“似たる共通の運命をもつ七つの金石文”を一連のつながりの物語として読み解くことで、日本古代史の驚くべき秘密が明らかされる　四六判上製　2,000 円 + 税

アマテラスの正体

978-4-7791-2022-0 C0021(14. 06)

伊勢神宮はいつ創られたか　　林　順治　著

アマテラスは、日の神と呼ばれ、六世の孫を人にして神、神にして人の初代天皇神武として即位させた。万世一系天皇の物語『古事記』と『日本書紀』の神代女神アマテラスはいかに生まれたか？　その秘密と史実を明らかにする。　四六判上製　2,500 円 + 税

八幡神の正体

978-4-7791-1855-5 C0021(12・12)

もしも応神天皇が百済人であったとすれば　　林　順治　著

八幡神出現の欽明天皇の世から現在まで、日本人の信仰の対象となった八幡神とは⁉“八流の幡と天下って吾は日本の神と成れり”と宣言した八幡神が、第十六代応神天皇ならば……。日本国家の起源及び律令国家「日本」によるエミシ 38 年戦争の本質を衝く。　四六判上製　2,200 円＋税

法隆寺の正体

978-4-7791-1964-4 C0021(13. 12)

もし聖徳太子が仏教王蘇我馬子であるならば　　林　順治　著

聖徳太子は実在したか？　現法隆寺は推古時代に建立されたのか､それとも天武天皇のころか？　聖徳太子が“大王蘇我馬子”の分身だとすれば、誰が虚構の聖徳太子をつくったのか？1300 年余の法隆寺と聖徳太子の秘密のヴェールを剥ぐ。　四六判上製　2,300 円 + 税